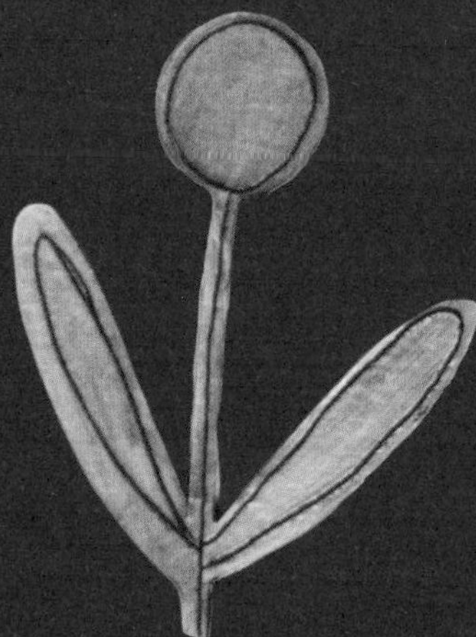

Experimentelles Drucken

Laura Vidal

Haupt
GESTALTEN

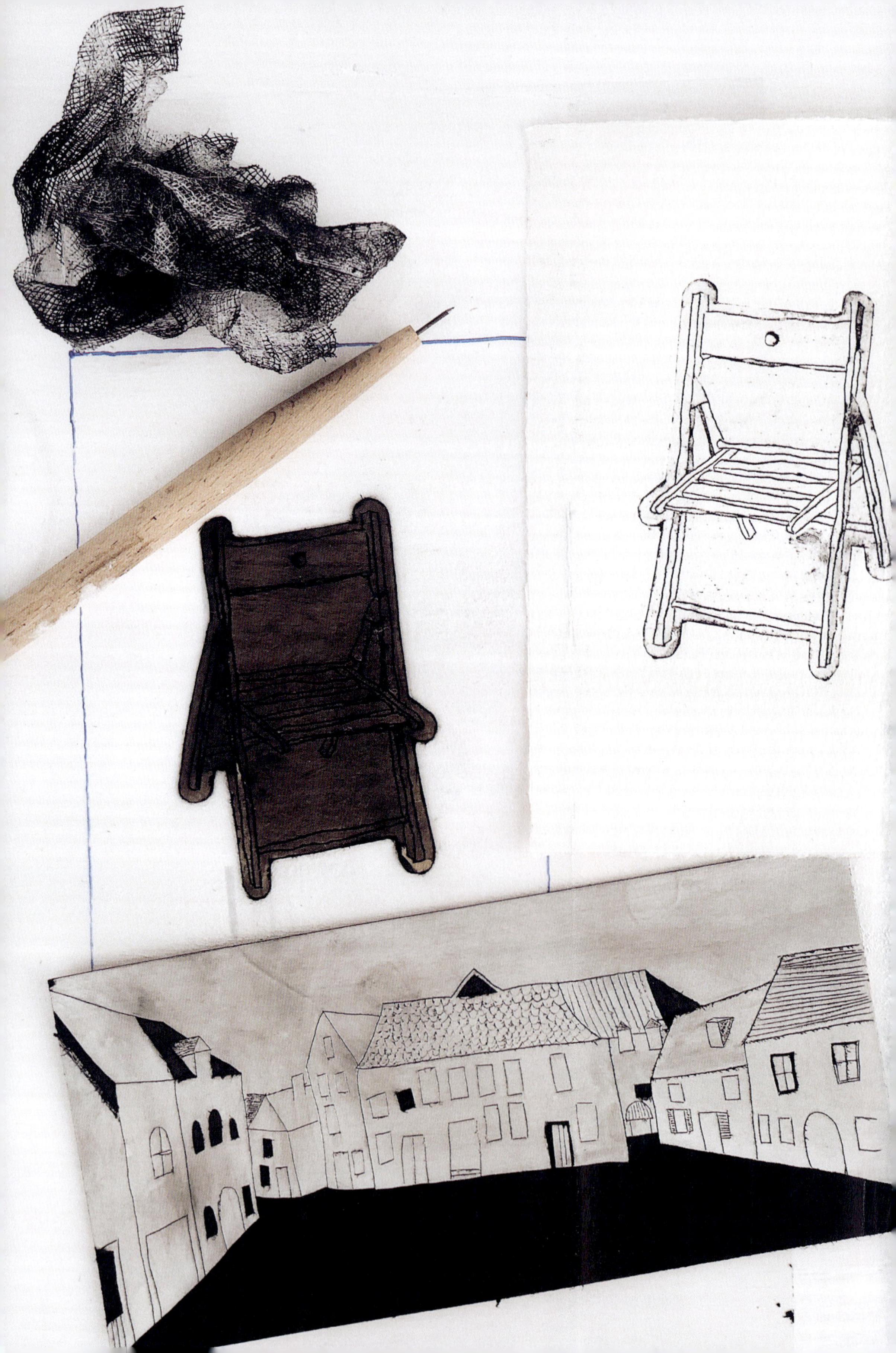

Experimentelles Drucken

Techniken und Ideen
für den Milchkartondruck

Laura Vidal

15 Projekte
mit und ohne
Druckpresse

Haupt Verlag

Inhalt

5 Vorwort

6 Kurze Einführung in die Druckgrafik

12 Materialien und Werkzeuge

26 Vor dem Druck

44 Los geht's!

- 46 Tiefdruck
- 54 Hoch- oder Reliefdruck
- 58 Letterpress
- 62 Blindprägung

64 Mehrfarbige Drucke

78 Nach dem Druck ist vor dem Druck

90 Projekte

134 Galerie

140 Troubleshooting

142 Glossar

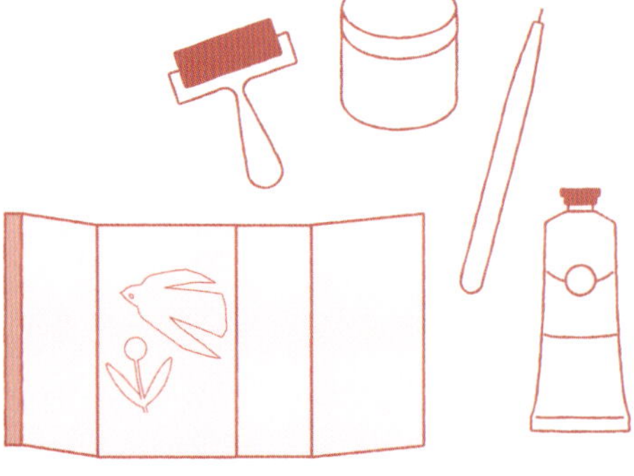

PROJEKTE

92 Landschaft der Texturen

94 Eine Nudelmaschine zur Druckpresse umbauen

98 Pflanzen-Memory

100 Geschenkanhänger

102 Bedruckte Briefkarten aus Saatgutpapier

104 Letterpress-Girlande

108 Einfacher Papierrahmen

110 Fehldrucke retten

113 Dosendiorama

116 Von Hand gedrucktes Medaillonbild

118 Geprägte Notizbücher

122 Leporello

126 Ein Motiv – zwei Techniken: Kleine Grußkarten

130 Stadtlandschaft in Mischtechnik

133 Miniaturbilder

Vorwort

Die Druckgrafik ist eine aufregende künstlerische Technik, die viele Menschen fasziniert. Doch glauben manche, sie sei kompliziert, man brauche dafür viel Platz, viele Werkzeuge und teure Materialien, sodass sie es gar nicht erst versuchen. Andere haben vielleicht in der Schule im Werkunterricht in die Druckgrafik «hineingeschnuppert», aber erst später begonnen, sich wirklich dafür zu interessieren.

Dieses Buch ist für alle gedacht, die ohne großen Aufwand in die Druckgrafik einsteigen möchten.
Es soll Interessierten den Zugang zu dieser faszinierenden Kunstform erleichtern und zu praktischen Experimenten anregen. Als Ausgangsmaterial dienen einfache Milch- oder Saftkartons, die in jedem Haushalt vorhanden sind, so wie fast alle übrigen Materialien auch. Sie brauchen zum Drucken keine Druckpresse – wenn überhaupt, tut es auch eine Nudelmaschine.
Wenn Sie Spaß am Drucken finden, können Sie später immer noch in eine professionelle Ausrüstung investieren, doch um Kunstwerke zu schaffen, ist sie nicht nötig.

In meinen Workshops habe ich erlebt, dass selbst erfahrene Druckgrafiker:innen beim Drucken mit Milchkartons auf ganz neue Ideen kommen und Künstler:innen aus anderen Disziplinen sich neue Ressourcen für ihre Praxis erschließen.

Das Buch beginnt mit einer Einführung in die Druckgrafik und geht dann detailliert auf den Druckprozess ein. Sie erfahren, welche Werkzeuge Sie für einfache Projekte benötigen.
Alle Techniken werden Schritt für Schritt erklärt. Sie lernen, wie Sie mit oder ohne Farbe drucken und Abzüge veredeln können.

Im zweiten Teil des Buchs finden Sie eine Reihe von Projekten und Projektideen. Sie sind als Inspirationsquelle gedacht; probieren Sie aus, was Ihnen gefällt, und erkunden Sie dabei die Grenzen des Milchkartondrucks.

Farbe auf Papier zu bringen ist eine Tätigkeit, der ein gewisser Zauber innewohnt. Ich hoffe, dass dieses Buch Sie dabei unterstützen kann, diese Magie selbst zu erleben.

Laura Vidal

Kurze Einführung in die Druckgrafik

Im Laufe der Jahrhunderte wurden viele verschiedene Drucktechniken entwickelt.

Jede Technik hat ihre Besonderheiten und beruht auf der Verwendung bestimmter Materialien und Werkzeuge.
Eines jedoch **haben alle Techniken gemeinsam:** Sie wurden erfunden, um Bildmotive oder Texte beliebig oft vervielfältigen zu können.

Einige Techniken werden hauptsächlich zur Herstellung von Kunstdrucken angewandt, während andere vor allem in der Industrie zum Einsatz kommen.

Die wichtigsten **manuellen Druckverfahren** sind der Hochdruck, der Tiefdruck, der Flachdruck und der Durchdruck.

Hoch- oder Reliefdruck	Die Motive sind auf dem Druckstock erhaben. Beispiel: Linolschnitt, Holzschnitt, Stempeldruck.
Tiefdruck	Die Motive sind als Vertiefungen in die Druckplatte eingearbeitet. Beispiel: Radierung.
Flachdruck	Die zu druckenden Stellen liegen auf der gleichen Ebene wie die nicht zu druckenden Stellen. Beispiel: Lithografie.
Durchdruck	Die nicht zu druckenden Stellen sind abgedeckt, die zu druckenden Stellen offen, sodass die Druckfarbe durch die Öffnungen des Druckstocks gedrückt werden kann. Beispiel: Schablonendruck, Siebdruck.

Einige druckgrafische Techniken werden seit vielen Jahrhunderten von Künstler:innen angewandt, andere sind eher experimentell. Dank des technischen Fortschritts entwickelt sich die Druckgrafik ständig weiter.

Der Milchkartondruck zählt zu den experimentellen Druckverfahren, basiert jedoch auf traditionellen Techniken wie dem Relief- und dem Tiefdruck.

Wie unterscheiden sich Hoch- und Tiefdruck?

Beide Techniken unterscheiden sich vor allem darin, wie das Motiv in die Druckplatte eingearbeitet und die Farbe auf die Platte aufgetragen wird.

Beim **Hochdruck**, auch Reliefdruck genannt, wird der Raum um das Motiv herum mit einem Schnitzwerkzeug entfernt und die Farbe dann auf die erhabenen Stellen des Druckstocks aufgetragen. Der Druckstock wird anschließend mit einer Presse oder per Hand auf den Bildträger gepresst, um den Abdruck zu erzeugen.

Beim **Tiefdruck** wird das Motiv in die Platte hineingearbeitet (siehe unten). Anschließend wird die gesamte Platte eingefärbt und die überschüssige Farbe abgewischt. Beim Drucken wird die in den Ritzen enthaltene Farbe auf das Papier übertragen.

Es gibt verschiedene Möglichkeiten, die Vertiefungen zu erzeugen:

— Die Motive werden mit einer Graviernadel oder einem Stichel direkt in die Platte geritzt wie bei der **Kaltnadelradierung** und beim **Kupferstich.**

— Die Metallplatte wird mit einer säurebeständigen Beschichtung versehen, dem sogenannten Ätzgrund, und das Motiv anschließend mit einer Radiernadel eingeritzt. Anschließend taucht man die Platte in ein Säurebad. Die Säure ätzt das Motiv in das freigelegte Metall: Es entstehen Vertiefungen, die später die Farbe aufnehmen. Dieses Verfahren wird **Ätzradierung** genannt.

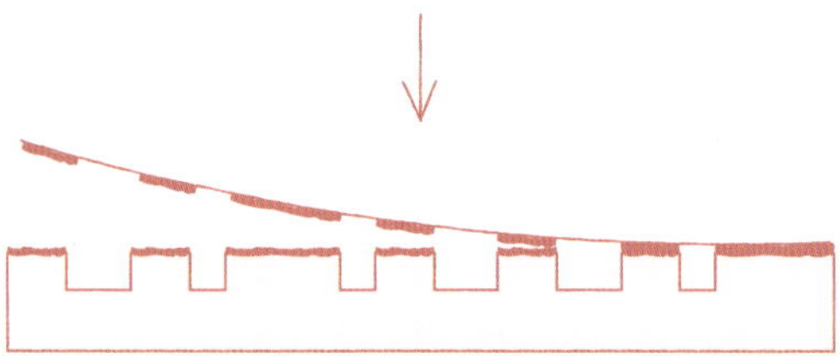

HOCHDRUCK

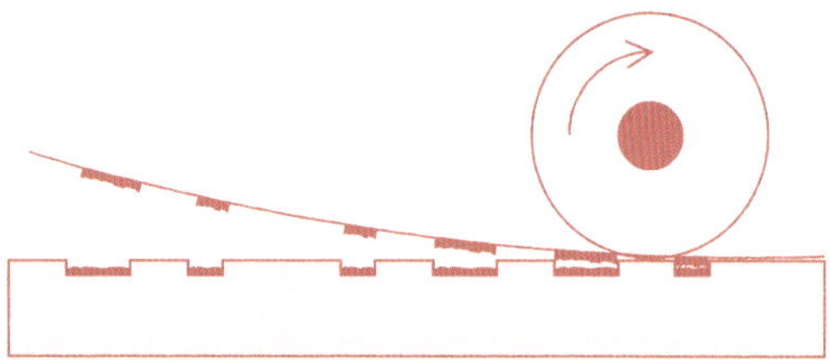

TIEFDRUCK

Das Druckverfahren

Die wichtigsten Schritte beim Drucken sind folgende:

1. Herstellung des Druckstocks/der Druckplatte.

2. Vorbereitung des Papiers oder eines anderen Druckträgers.

3. Aufbringen der Farbe auf den Druckstock/die Druckplatte.

4. Erzeugen des Abdrucks durch Übertragen der Druckfarbe vom Druckstock auf den Druckträger – entweder von Hand oder mithilfe einer Druckpresse.

5. Signieren und Nummerieren der Abzüge.

Auf den folgenden Seiten werden die einzelnen Schritte nacheinander erklärt – beginnend mit den verschiedenen Materialien und Werkzeugen, die man zum Drucken benötigt. Danach erfahren Sie, wie man einen geeigneten Entwurf vorbereitet und die Druckplatte herstellt. Es folgt eine Einführung in die Technik des Tief- und Hochdrucks, und zum Schluss werden verschiedene Verfahren zu Nacharbeitung und Veredelung von Drucken vorgestellt.

— Seitenansicht des Druckstocks/der Druckplatte beim Hoch- und Tiefdruck. Beim Hochdruck wird die Farbe nur auf die erhabenen Teile des Druckstocks aufgetragen, beim Tiefdruck hingegen auf die gesamte Druckplatte. Die Platte wird anschließend abgewischt, sodass die Farbe nur in den Vertiefungen haften bleibt.

Drucken mit Milchkartons

Der Milchkartontiefdruck ist eine experimentelle Version der traditionellen Kaltnadelradierung. Dies ist ein manuelles Tiefdruckverfahren, bei dem mit einer Radiernadel ein Motiv in eine Metallplatte graviert wird. Die Druckfarbe wird auf die Platte aufgetragen und in die eingravierten Linien gedrückt. Anschließend wischt man die Platte mit einem Stück Stoff oder Papier ab, sodass sich nur noch in den Ritzen Farbe befindet. Schließlich wird das Motiv mithilfe einer Druckpresse auf Papier gedruckt.

Beim Milchkartondruck dient als Druckstock keine Metallplatte, sondern eine aus mehreren Schichten bestehende Getränkeverpackung für Milch oder Saft.
Der bekannteste Hersteller solcher Verpackungen und Marktführer auf diesem Gebiet ist die Firma Tetra Pak®.

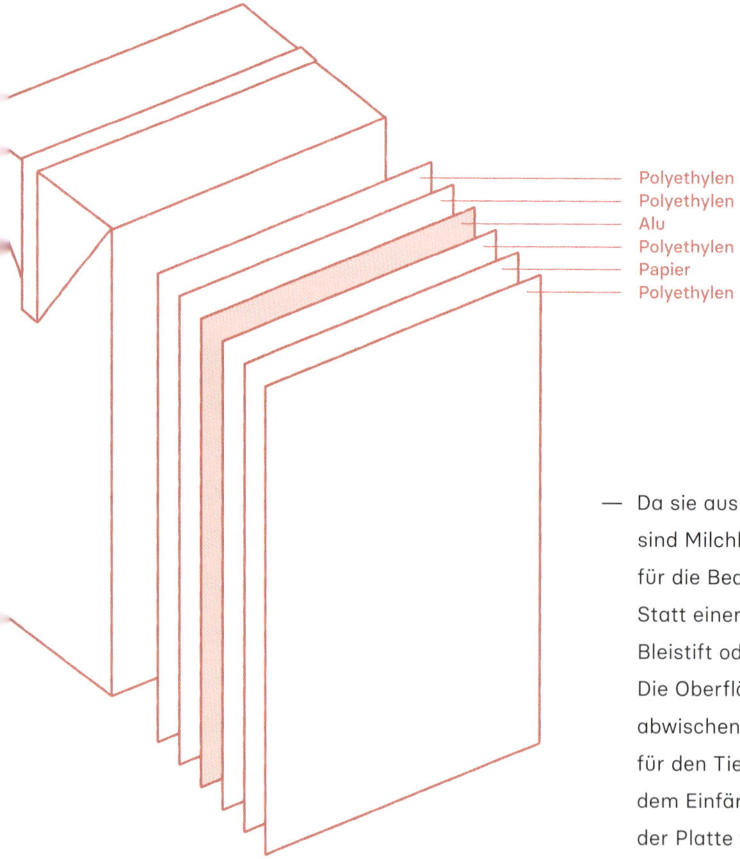

— Da sie aus mehreren Schichten bestehen, sind Milchkartons zwar stabil, aber nicht zu hart für die Bearbeitung mit der Radiernadel. Statt einer Radiernadel können Sie z. B. auch einen Bleistift oder Kugelschreiber verwenden. Die Oberfläche von Milchkartons lässt sich leicht abwischen. Diese Kartons sind deshalb ideal für den Tiefdruck, denn die Druckfarbe bleibt nach dem Einfärben in den Ritzen, und die Oberfläche der Platte wird schön sauber.

Druckplatten aus Milchkarton lassen sich leicht mit einer Schere oder einem Cuttermesser zuschneiden, und anstelle einer Druckpresse können Sie zum Drucken auch eine Nudelmaschine oder eine Hobby-Prägemaschine verwenden. Das alles geht ganz bequem zu Hause.

Bei meinen Experimenten habe ich festgestellt, dass sich Milchkartons auch für andere traditionelle Drucktechniken wie den Reliefdruck, die Blindprägung und den Letterpress (Buchdruck) eignen. Sie können damit ebenso beeindruckende Ergebnisse erzielen wie mit einem Tiefdruckverfahren.

Im zweiten Teil dieses Buchs (Projekte) erfahren Sie, welch vielfältige Möglichkeiten diese experimentelle Drucktechnik bietet.

Vorteile

Bequemlichkeit
Sie können bei sich zu Hause oder in Ihrem Atelier drucken.

Geringe Kosten
Die Technik lässt sich mit Materialien und Werkzeugen umsetzen, die sich in jedem Haushalt finden.

Schadstofffreies Arbeiten
Es werden keine Chemikalien benötigt.

Kreatives Potenzial
Unterschiedliche Techniken und Druckplatten lassen sich kombinieren, sodass interessante Effekte entstehen.

Nachteile

Sehr begrenzte Lebensdauer der Druckplatten
Die Platten beginnen schon nach wenigen Durchläufen zu zerfallen; es können also mit einer Platte nur kleine Auflagen gedruckt werden.

Begrenzte Größe und unregelmäßige Oberfläche
Die Falzlinien des Kartons sind auf den Drucken sichtbar.

Betrachten Sie die mit dem Material verbundenen Einschränkungen als Chance, und lassen Sie sich davon zu Experimenten inspirieren.

Materialien und Werkzeuge

Für die Herstellung von Druckplatte und Abzügen werden je nach Drucktechnik verschiedene Werkzeuge und Materialien eingesetzt.

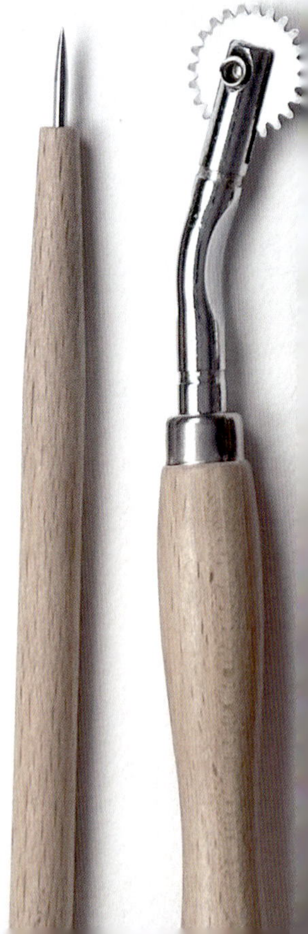

Bei dieser Technik werden die Druckplatten aus Milchkartons hergestellt und mit einfachen Gravierwerkzeugen bearbeitet. Zum Drucken können Sie eine traditionelle oder experimentelle Druckpresse oder geeignete Werkzeuge verwenden.

In diesem Kapitel erfahren Sie, welche Materialien, Werkzeuge und Geräte Sie für das Drucken mit Milchkartons benötigen.

Druckstock: Die Milchkartonplatte

Anders als bei direkten künstlerischen Techniken wie z. B. der Malerei gelangt das Bild beim Drucken über einen Umweg auf den Bildträger: Es wird zunächst auf eine Druckplatte übertragen und erst von dort aus aufs Papier. Dieses Verfahren ermöglicht, das Bild beliebig oft zu reproduzieren.

Je nach Drucktechnik kann der Druckstock aus unterschiedlichen Materialien bestehen: aus Metall, Linoleum oder Holz, aus Gummi, Kunststoff oder einem Stein (bei der Lithografie).

Für die Projekte in diesem Buch werden Druckplatten aus Getränkekartons benötigt. Diese Kartons gibt es in zahlreichen Formen und Größen; manche sind innen mit Metall beschichtet, andere nicht. Beide Varianten können Sie zum Drucken verwenden, aber meiner Erfahrung nach sind Behälter mit Metallbeschichtung etwas stabiler.

Druckplatten lassen sich aus Getränkekartons jeder beliebigen Größe und Form herstellen, aber Form, Größe und Falzung der Kartons wirken sich auf die Gestaltungsmöglichkeiten bzw. auf das Erscheinungsbild der Drucke aus.

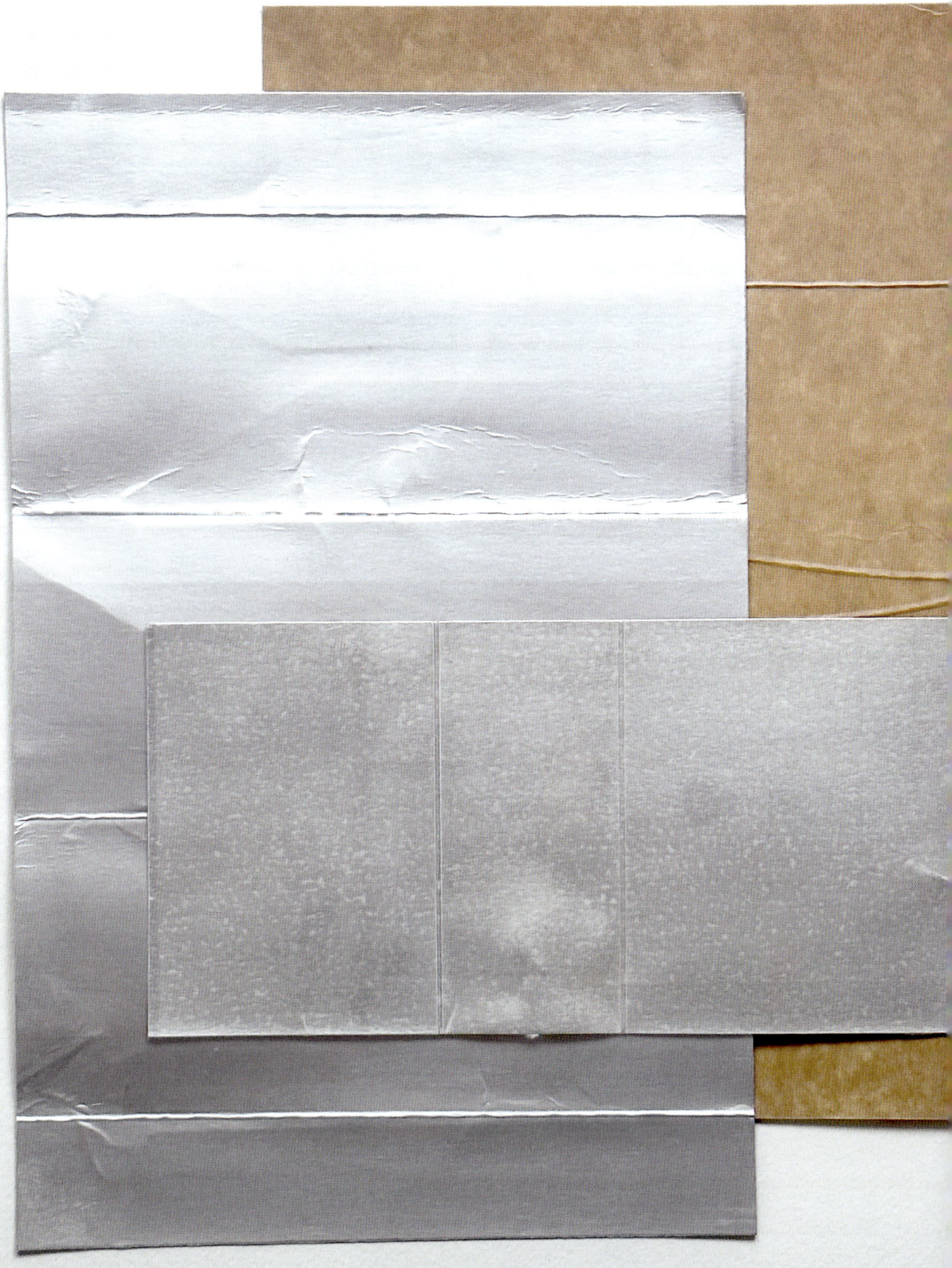

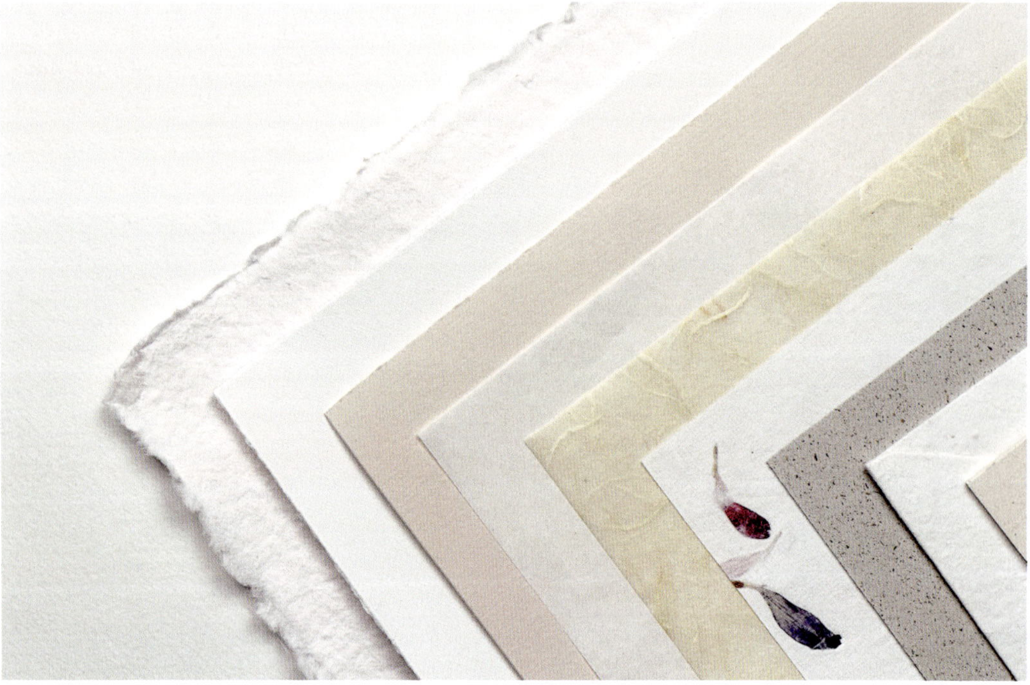

Druckträger: Papier und sonstige Materialien

Der Druckträger oder Bedruckstoff ist das Material, auf das das Motiv gedruckt wird. In der Druckgrafik handelt es sich dabei in der Regel um Papier oder Karton, aber auch auf Stoff, Holz, Glas, Metall und andere Materialien kann, je nach angewendeter Technik, gedruckt werden.

Beim Milchkartondruck wird hauptsächlich auf Papier und Karton gedruckt.

Hochwertiges Druckpapier hält dem Anpressdruck und mehrmaligen Durchläufen durch die Druckpresse stand, ohne zu zerreißen. Farbe und Textur des Drucks kommen darauf ausgezeichnet zur Geltung.

Gutes Druckpapier ist nicht billig. Die Auswahl an Papieren ist jedoch sehr groß. Testen Sie ruhig auch andere Papiersorten aus.

Kaufen Sie zu Beginn lieber einzelne Bogen statt großer Mengen. So können Sie viele Papiersorten ausprobieren, bis Sie Ihr Lieblingspapier gefunden haben.

Die **Qualität** von Papier hängt von seiner Zusammensetzung, seinem Gewicht und seinen Archivierungseigenschaften ab.

Hadernpapier beispielsweise besteht zu hundert Prozent aus Textilfasern (z. B. Baumwolle oder Leinen).
Holzschliffpapier hingegen wird, wie der Name schon sagt, aus Holz hergestellt.

Archivpapier, das für die Herstellung von Kunstdrucken verwendet wird, ist alterungsbeständig und säurefrei, damit es nicht vergilbt.

Das **Papiergewicht** (die Grammatur) wird in Gramm pro Quadratmeter (g/m^2) angegeben.

Für den Tiefdruck benötigt man relativ schweres und kräftiges Papier mit einem Gewicht von ca. 200 bis 350 g/m^2.
Beim Hochdruck, insbesondere wenn keine Presse verwendet wird, erzielt man mit leichterem Papier oft bessere Ergebnisse.
Empfehlenswert ist z. B. Japanpapier mit einem Gewicht von ca. 40 bis 90 g/m^2.

Probieren Sie verschiedene Papiersorten aus, um herauszufinden, womit Sie am besten zurechtkommen und welche Unterschiede es gibt.

Im Künstlerbedarf sind hochwertige Druckpapiere von verschiedenen Herstellern wie Hahnemühle, Fabriano, Awagami oder Rives erhältlich.
Sie können aber auch mit anderen Materialien experimentieren, z. B. mit Bristolkarton, Aquarellpapier, handgeschöpftem Papier, Samenpapier, mit Bierdeckeln oder Verpackungskarton.

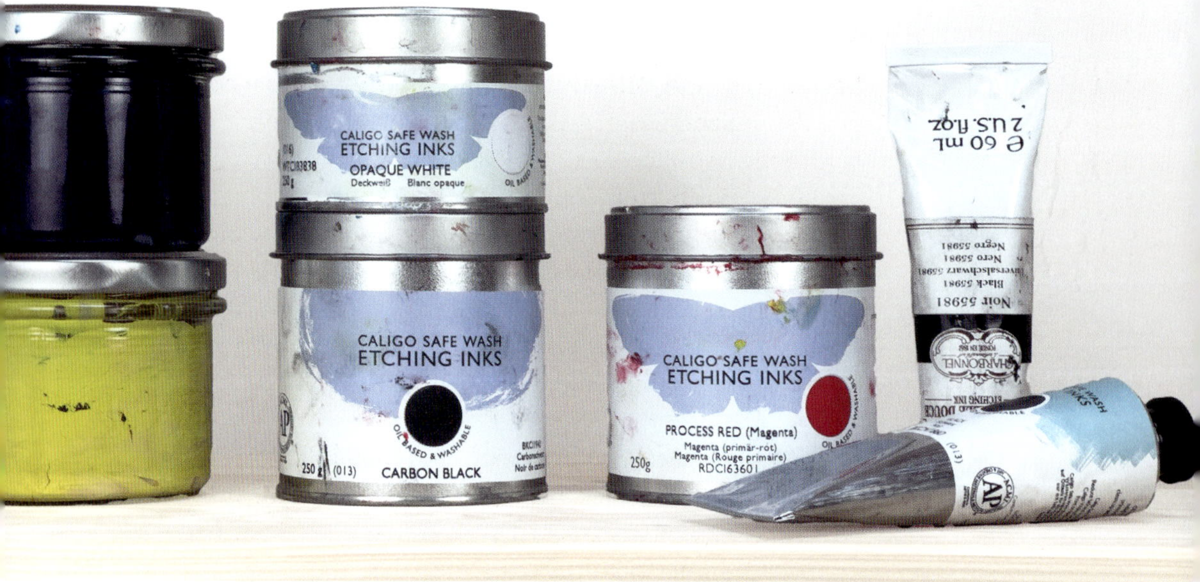

Druckfarbe

Druckfarben sind Farben, die speziell für den Einsatz in der Druckgrafik entwickelt wurden.

Ihre Konsistenz, die Konzentration der Pigmente und die Trocknungszeit sind auf die Erfordernisse beim Drucken abgestimmt.
Als Bindemittel dient in den meisten Fällen Öl. Für unterschiedliche Drucktechniken gibt es verschiede Arten von Druckfarben.

Druckfarben sind in einer Vielzahl von Farbtönen erhältlich und lassen sich mischen, um die gewünschten Nuancen zu erzeugen.

Tiefdruckfarbe ist zäh, damit sie gut in die Ritzen der Druckplatte gedrückt werden kann.
Hochdruckfarbe ist in der Regel weniger viskos. Sie wird mit einer Farbwalze ausgewalzt und dann auf die Druckplatte aufgetragen.

Trotz dieser Unterschiede können beide Farben für den Tiefdruck *und* für den Reliefdruck verwendet werden.
Mit Verdünnern oder Verdickern lässt sich die Viskosität der Farbe verändern.

INHALTSSTOFFE

Druckfarben auf **Wasserbasis** enthalten wasserlösliche Bindemittel wie Acryl- oder PVA-Emulsionen.
Sie lassen sich einfach mit Wasser und Seife entfernen und haben eine kurze Trocknungszeit.

Druckfarben auf **Ölbasis** trocknen langsamer als wasserlösliche Farben und können deshalb über einen längeren Zeitraum verarbeitet werden. Zum Reinigen Ihrer Werkzeuge benötigen Sie Pflanzenöl, einen Verdünner oder Terpentin.

Es gibt auch **wasserlösliche Druckfarben auf Ölbasis,** die sich mit Wasser verdünnen und mit Wasser und Seife entfernen lassen. Diese Farben verhalten sich im Prinzip wie Druckfarben auf Ölbasis, sind aber umweltfreundlicher.

DRUCKFARBEN FÜR DEN MILCHKARTONDRUCK

Für den Milchkartondruck empfehle ich wasserlösliche Tiefdruckfarbe auf Ölbasis. Sie lässt sich nicht ganz so leicht auswalzen wie Hochdruckfarbe, aber gut in die eingeritzten Vertiefungen drücken.

Ihre relativ lange Trocknungszeit erlaubt ein angenehmes Arbeiten ohne Zeitdruck.
Das bedeutet aber auch, dass die Drucke länger – manchmal sogar Tage – zum Trocknen brauchen.

Die Verwendung der richtigen Farben ist entscheidend für den Erfolg und damit auch für die Freude am Drucken. Acrylfarbe z. B. ist ungeeignet, denn sie ist sehr flüssig und trocknet schnell. Frusterlebnisse sind praktisch vorprogrammiert.

Ich empfehle Ihnen, mit einer Tube schwarzer Druckfarbe anzufangen. Wenn Sie Spaß an der Sache gefunden haben, können Sie ein paar Grundfarben zum Mischen dazukaufen.

Ausrüstung

Zum Drucken benötigen Sie verschiedene Werkzeuge und Materialien – vom simplen Bleistift bis zu Radiernadel, Farbwalze und Druckpresse.

Erstellen und Übertragen des Motivs auf die Druckplatte	Bleistift und Skizzenpapier oder digitale Zeichenprogramme für die Motiverstellung. Zur Übertragung des Entwurfs auf die Druckplatte Transparentpapier, Klebeband und ein Falzbein.
Schneid- und Gravierwerkzeuge	Radiernadel zum Eingravieren des Motivs. Die Schneidwerkzeuge müssen scharf sein, damit saubere Schnitte gelingen, ohne dass die Oberfläche des Milchkartons zerstört wird. Statt einer Radiernadel können Sie auch einen Bleistift oder Kugelschreiber, Messer, Nägel, Kopierrädchen aus dem Nähbedarf, Werkzeuge zur Bearbeitung von Leder oder andere spitzen Objekte verwenden. Mit Schleifpapier lassen sich flache Muster in die Platte schleifen.
Vorbereitung der Druckplatte	Schere, Cuttermesser oder Skalpell, um den Milchkarton und die Druckplatte in die gewünschte Form zu schneiden. Für Motive wie Buchstaben, die sehr präzise zugeschnitten werden müssen, kann auch ein Schneideplotter verwendet werden. Overheadfolien als Unterlage für die Druckplatte, insbesondere wenn das Motiv aus mehreren «Puzzleteilen» zusammengesetzt wird. Die Druckplatte wird am besten mithilfe eines Kleberollers auf die Folie geklebt.
Vorbereitung des Druckpapiers	Lineal, um das Papier auf Maß zu reißen. Sprühflasche (oder Schwamm) zum Anfeuchten des Papiers und Plastikfolie (oder Müllsack). Löschpapier oder saubere Küchentücher zum Abtupfen des Druckpapiers.

Verarbeitung der Druckfarbe	Farbwalze zum Auswalzen der Farbe auf einer Glas- oder Plexiglasplatte und zum Auftragen der Farbe auf die Druckplatte. Palettmesser oder Holzspatel, um die Druckfarbe aus der Dose zu nehmen. Plastikkarte oder Wattestäbchen zum Eindrücken der Farbe in die Gravuren der Druckplatte (Tiefdruck). Wischgaze oder dünnes Papier (z. B. Packseide), um überschüssige Farbe von der Druckplatte zu wischen.
Ordnung am Arbeitsplatz	Graupappe und Makulaturpapier (bzw. Packseide oder ähnlich dünnes Papier) zum Abdecken des Drucktischs beim Drucken. Schürze, Handschuhe, Feuchttücher und Küchenrolle zum Säubern von Händen und Arbeitsplatz.

Lassen Sie sich von der langen Materialliste nicht abschrecken – die meisten Dinge finden sich bestimmt in Ihrem Haushalt.

Wenn Sie sich ein Starterset für den Milchkartondruck zulegen möchten, empfehle ich die Anschaffung einer Radiernadel, einer Tube Druckfarbe, einiger Bogen Druckpapier (verschiedene Stärken) und einer gebrauchten Nudelmaschine.

Unter Druck: Druckpressen und alternative Geräte

Eine Druckpresse ist eine mechanische Vorrichtung, die Druck auf die Druckplatte und den Druckträger (meistens Papier) ausübt, um die Farbe von der Platte auf den Bedruckstoff zu übertragen und so den Abzug zu erzeugen.

Beim Hochdruck kann mit Handwerkzeugen wie einem Handabreiber (Baren) oder einem Holzlöffel gearbeitet werden. Der Tiefdruck hingegen erfordert einen wesentlich höheren Druck und damit eine Druckpresse.

Es gibt verschiedene Arten von Druckpressen, die sich aufgrund ihrer Eigenschaften für unterschiedliche Druckverfahren eignen.

Eine Druckpresse ist eine lohnende Investition, wenn man das Drucken wirklich als Hobby betreiben möchte und genügend Platz hat. Druckpressen gibt es in verschiedenen Ausführungen, Größen und Qualitäten. Die Preise variieren stark.

Manchmal sind neue oder gebrauchte Pressen zu einem vertretbaren Preis erhältlich, doch Sie können zunächst auch mit Alternativen experimentieren, ehe Sie in eine Druckpresse investieren.

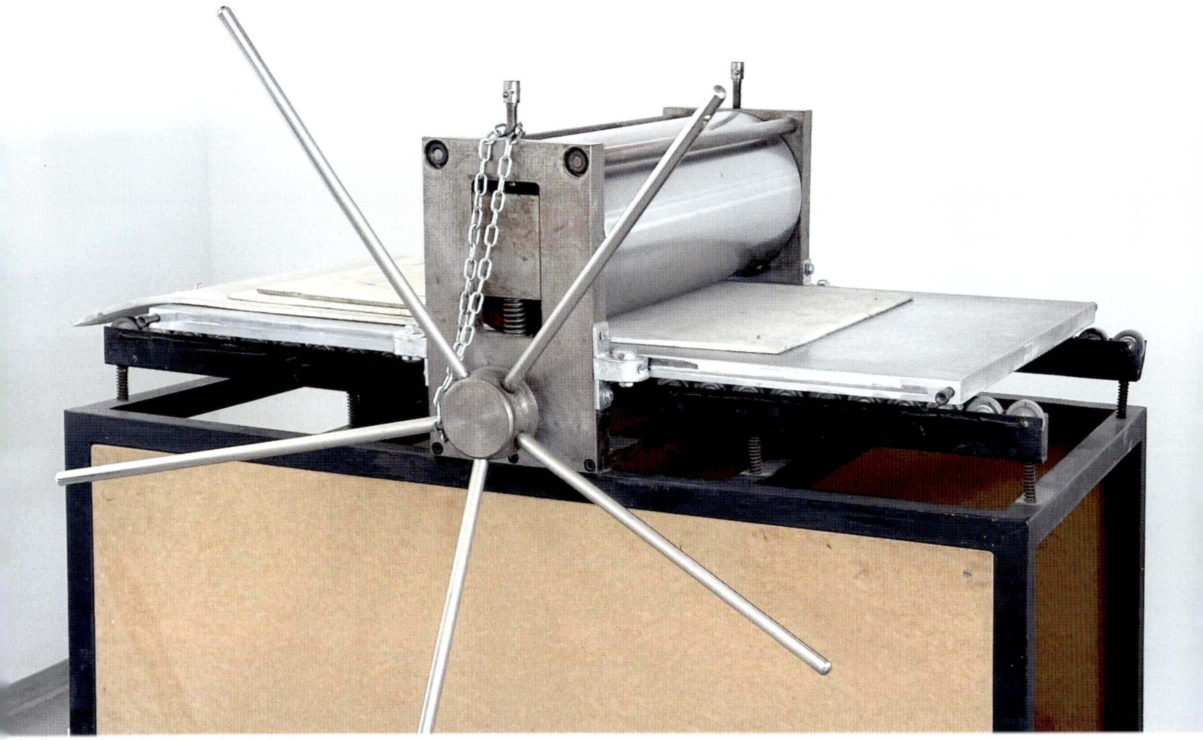

DIE WALZEN- BZW. RADIERPRESSE

Eine Walzen- oder Radierpresse besteht im Prinzip aus zwei Metallwalzen und einem Schlitten, auf dem die Druckplatte, das Papier und ein dickes Stück Filz platziert werden.
Die untere Walze wird über ein Rad angetrieben und bewegt den Schlitten. Die obere Walze übt Druck auf die Druckplatte aus, sodass sich die Farbe von der Platte auf das Papier überträgt.
Die Andruckkraft wird mithilfe zweier Spindeln auf beiden Seiten des Zylinders eingestellt.
Der Filz sorgt für eine gleichmäßige Verteilung des Drucks.

Die Radierpresse kann sowohl für Tief- als auch für Hochdruckverfahren verwendet werden.

DIE HANDHEBELPRESSE

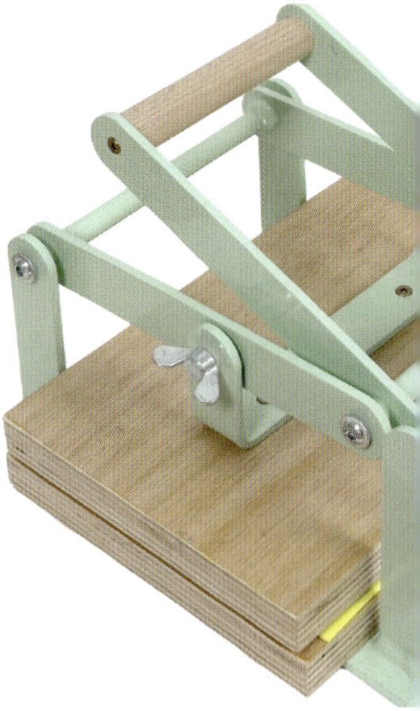

Handhebelpressen eignen sich besonders gut für den **Hochdruck.** Sie bestehen aus zwei Holzplatten, zwischen denen die Druckplatte und das Papier platziert werden. Zum Drucken wird die obere Holzplatte durch Betätigen eines Hebels auf die untere Holzplatte und das dazwischen gelegte Material gepresst. Dabei wird gleichmäßiger Druck auf die gesamte Oberfläche der Druckplatte und des Papiers ausgeübt.

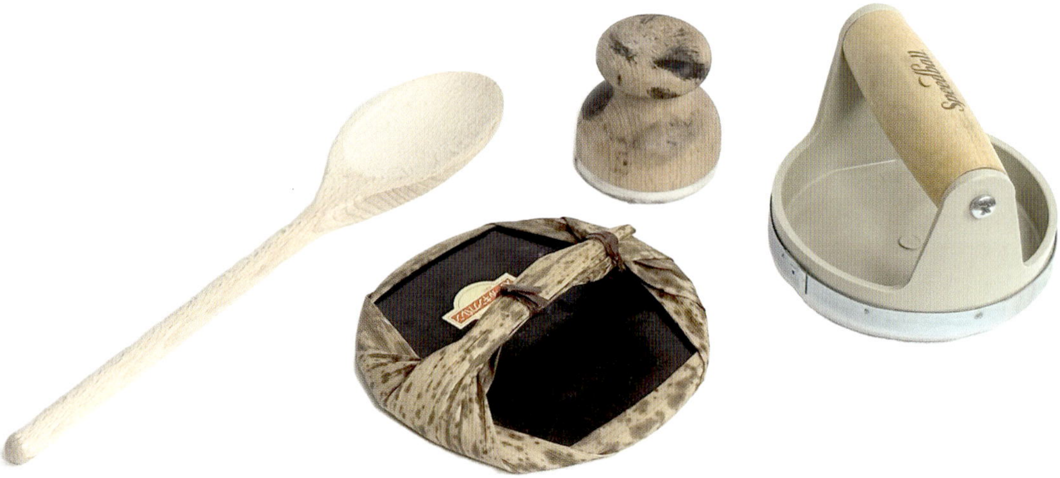

HANDWERKZEUGE: BAREN UND LÖFFEL

Ein **Baren** ist ein rundes, mit einem Griff versehenes Reibwerkzeug aus Holz, Bambus oder Kunststoff, das beim manuellen Drucken zum Einsatz kommt. Die flache, glatte Unterseite dient dazu, das Papier mit gleichmäßigem Druck auf der eingefärbten Druckplatte abzureiben, um die Farbe von der Platte auf das Papier zu übertragen.

Ersatzweise kann auch die Rückseite eines Holzlöffels zum Abreiben verwendet werden.

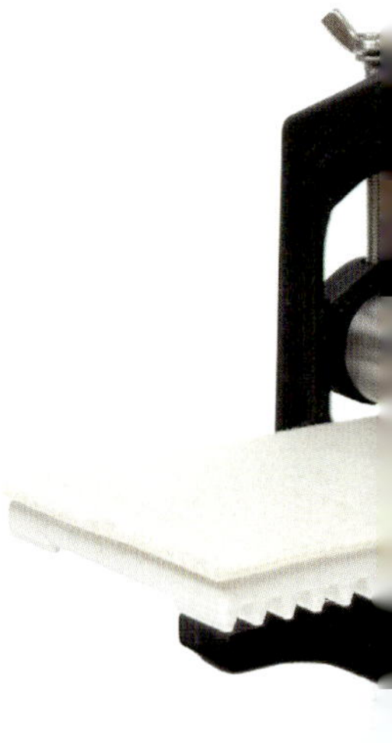

ALTERNATIVEN ZUR RADIERPRESSE

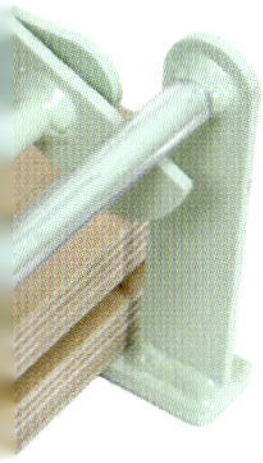

Es gibt eine Reihe von Haushaltsgeräten und Hobbywerkzeugen, die sich als Alternative zur Radierpresse eignen oder sich mit wenig Aufwand zu einer Druckpresse umbauen lassen.

Nudelmaschine und Presse für Modeliermasse

Ähnlich wie eine Radierpresse hat auch eine Nudelmaschine zwei verstellbare Walzen, mit denen Druck ausgeübt wird. Sie ist jedoch etwas umständlicher zu bedienen, denn sie hat keinen Schlitten. Im zweiten Teil dieses Buchs (siehe S. 94) finden Sie eine Anleitung, wie Sie Ihre Nudelmaschine in eine kleine Druckpresse umbauen können, um bequemer drucken zu können.

Pressen für Modelliermasse («Fimo®-Pressen») sind ähnlich wie Nudelmaschinen konstruiert und können auf die gleiche Art und Weise zum Drucken verwendet werden.

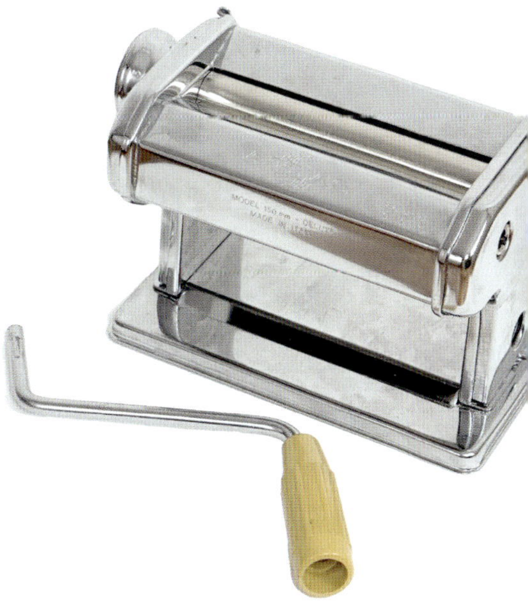

Open Press Project

Die Open Press ist eine Miniaturradierpresse, die selbst mit einem 3-D-Drucker hergestellt wird. Das «Open Press Project» wurde von Martin Schneider und Dominik Schmitz ins Leben gerufen, um Anfänger:innen den Einstieg in die Druckgrafik zu erleichtern.

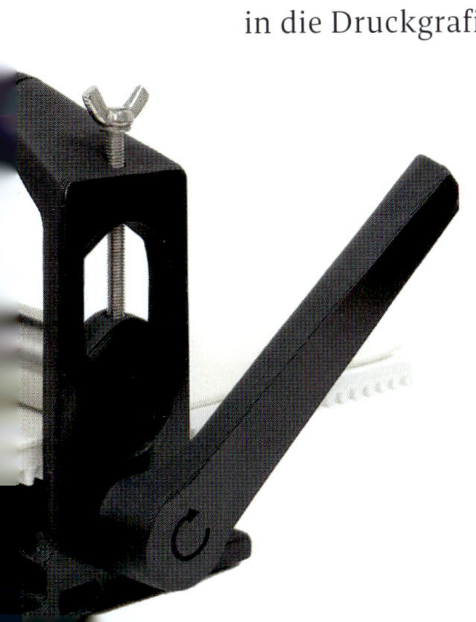

Die Pläne und Druckdateien für die Presse sind auf der Website (openpressproject.com) des Projekts frei zugänglich.
Die Presse kann für Tief- und Hochdruckprojekte verwendet werden. Die maximale Breite der Drucke beträgt etwa 7 cm.

Vor dem Druck

Sie kennen nun die wichtigsten Drucktechniken und haben die benötigten Werkzeuge und Materialien bereitgelegt. Nun können Sie mit der Vorbereitung der Druckplatte beginnen.

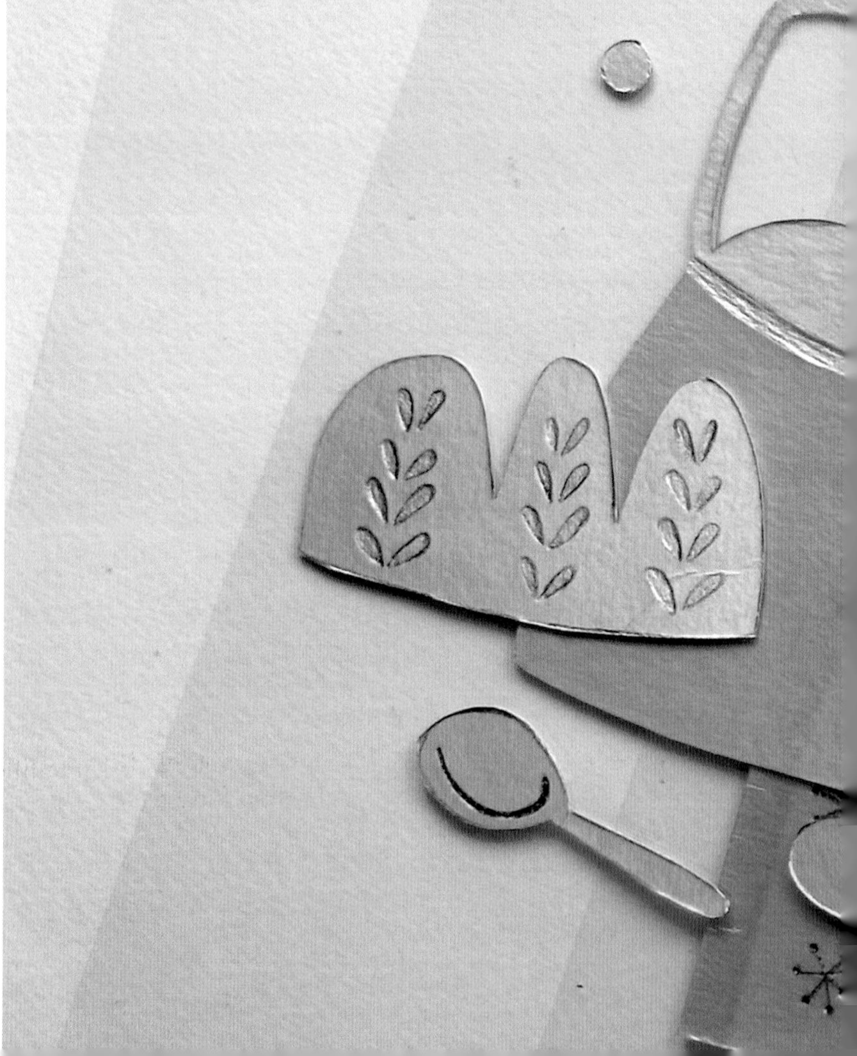

In diesem Kapitel erfahren Sie alles, was Sie zur Vorbereitung des Drucks wissen müssen. Die einzelnen Arbeitsschritte werden ausführlich erläutert.

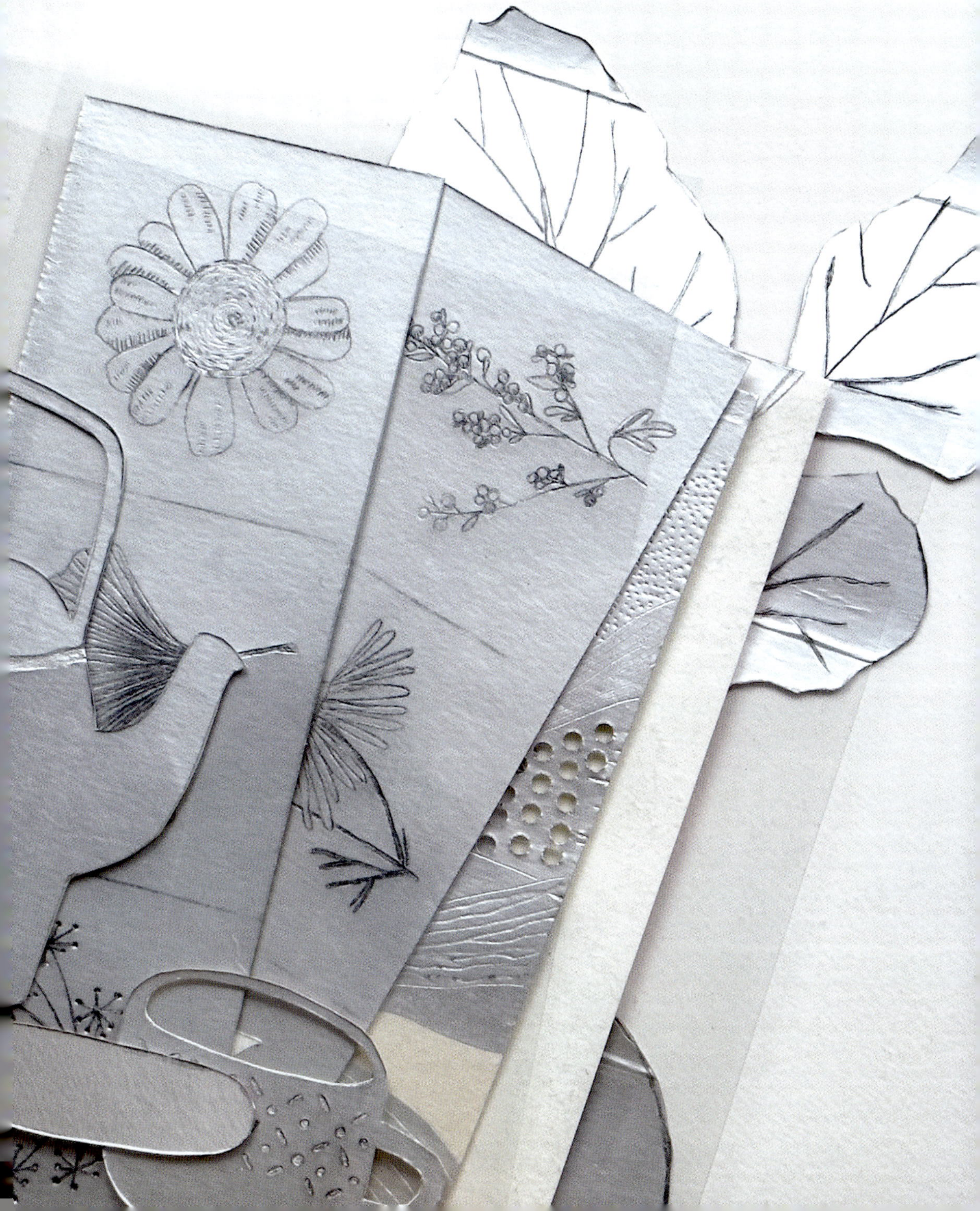

Vorbereitung des Entwurfs

Um wirklich Freude am Drucken zu haben, ist eine gute Vorbereitung sehr wichtig. Der erste Schritt ist die Planung des Entwurfs: Welches Motiv möchten Sie drucken? Welches Format schwebt Ihnen vor? Welche Farbe(n) wollen Sie verwenden?

Beim Milchkartondruck ergibt sich die maximale Größe der Druckplatte aus den Maßen des verwendeten Milch- oder Saftkartons.

GRÖSSE DES DRUCKS

Auch die Größe der Druckmaschine ist ein begrenzender Faktor. Wenn Sie eine Druckpresse verwenden, muss das Druckpapier etwas kleiner als der Schlitten sein. Beim manuellen Druck gibt es, abgesehen von der Größe des Druckträgers, keine Einschränkungen.

WAHL DER DRUCKTECHNIK

Der Stil, in dem Sie das gewählte Motiv darstellen möchten, ist ausschlaggebend für die Drucktechnik. Für linienbasierte Illustrationen eignet sich die Tiefdrucktechnik besonders gut. Besteht das Motiv hauptsächlich aus farbigen Flächen, bietet sich die Hochdrucktechnik an.

Beim Drucken mit Milchkartons lassen sich beide Techniken gut kombinieren. Sie können einen Teil des Motivs mit dem Tiefdruck- und einen anderen mit dem Hochdruckverfahren drucken, entweder alles gleichzeitig oder mit getrennten Platten und in mehreren Durchgängen.

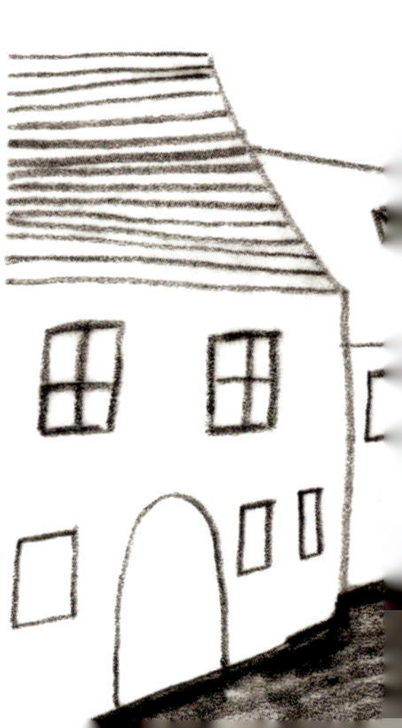

AUSWAHL DER SCHNEID- UND GAVIERWERKZEUGE

Unterschiedliche Schneidwerkzeuge erzeugen unterschiedliche Markierungen auf der Druckplatte. Mit Radiernadeln können Sie, je nach Stärke, dünne oder breitere Linien in die Platte schneiden. Bleistifte erzeugen breitere Vertiefungen. Roulette, Kopierrädchen und Schleifpapier eignen sich für die Gestaltung von Mustern und Schattierungen.

DIE FORM DER PLATTE

Milchkartons lassen sich mit einer Schere, einem Cuttermesser oder Skalpell leicht in jede beliebige Form schneiden. Sie können das Druckformat also frei wählen. Die Druckplatte dient somit nicht nur als Hintergrund für das Motiv, sondern ist ein eigenständiges Gestaltungsmittel. Sie können außerdem mit mehreren Platten gleichzeitig drucken.

FARBAUSWAHL

Es bleibt Ihnen überlassen, ob Sie Ihre Motive ein- oder mehrfarbig drucken möchten. Für den Mehrfarbendruck benötigen Sie – abhängig von der gewählten Technik – entweder nur eine einzige Druckplatte oder jeweils eine Druckplatte pro Farbe. Grundlegende Entscheidungen im Hinblick auf die Drucktechnik und die farbliche Gestaltung müssen also im Voraus getroffen werden.

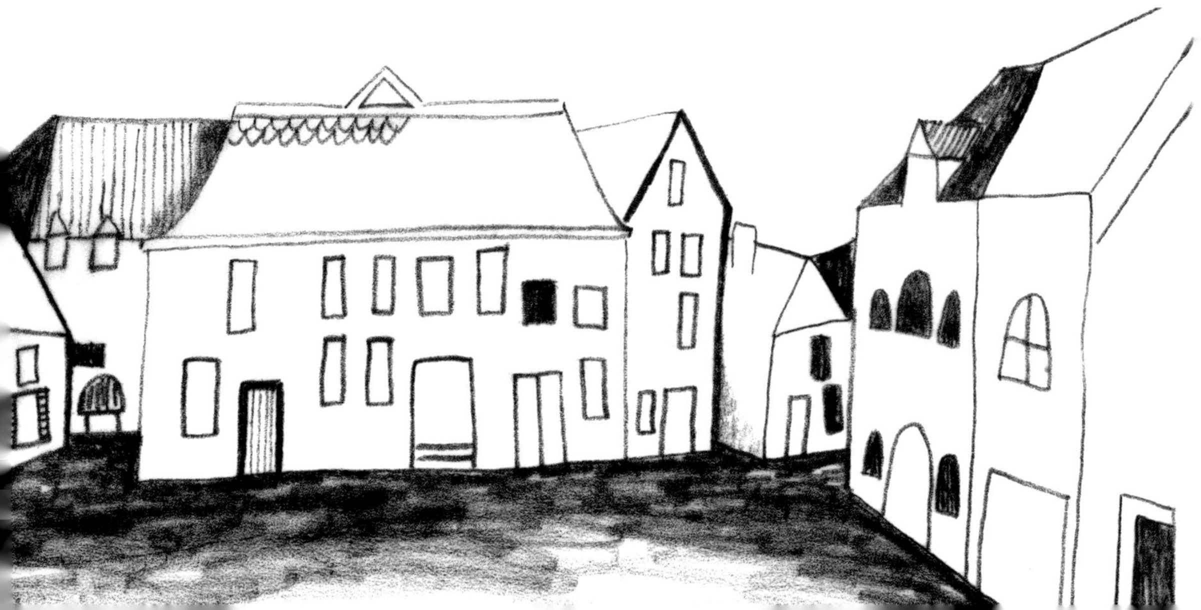

Herstellung der Druckplatte

Ausgangspunkt für die Projekte in diesem Buch sind Druckplatten aus Milchkartons. Um die Motive auf die Platten übertragen zu können, müssen also zunächst die Milchkartons präpariert werden. Später können Sie dann entscheiden, ob Sie jeweils eine ganze Platte, einzelne Teile oder mehrere zusammengefügte Platten benötigen.

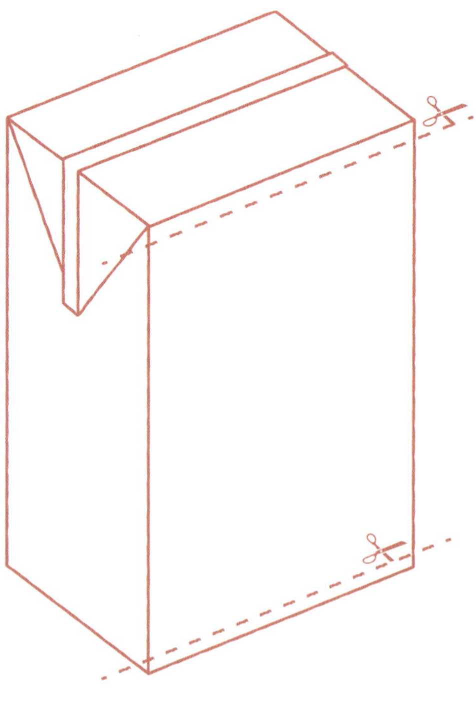

VORBEREITEN DES MILCHKARTONS

1. Reinigen Sie den Milchkarton direkt nach Gebrauch gründlich mit Wasser und Seife.

2. Entfernen Sie mit einem Skalpell Deckel und Boden des Kartons.

3. Schneiden Sie den Karton an einer Seite entlang der «Nahtstelle» (der Verklebung) auf. Halten Sie ihn dabei aufrecht, damit die andere Seite der Packung nicht beschädigt wird.

4. Klappen Sie den Karton auseinander, und legen Sie ihn flach auf den Tisch. Eventuell noch vorhandene Milchreste können Sie mit einem Lappen entfernen.

5. Wischen Sie die Platte mit einem Geschirrtuch trocken, oder lassen Sie sie an der Luft trocknen.

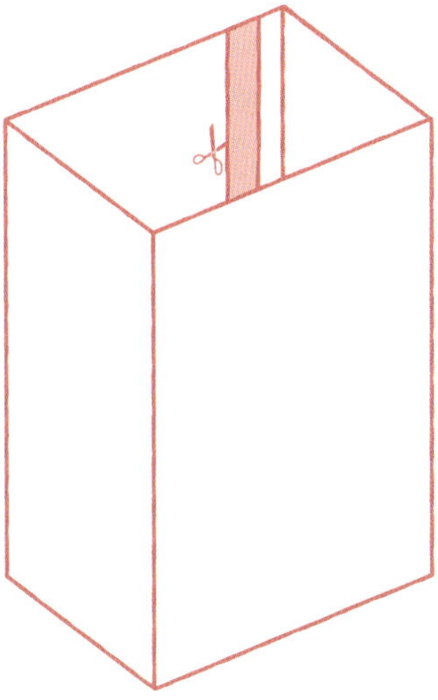

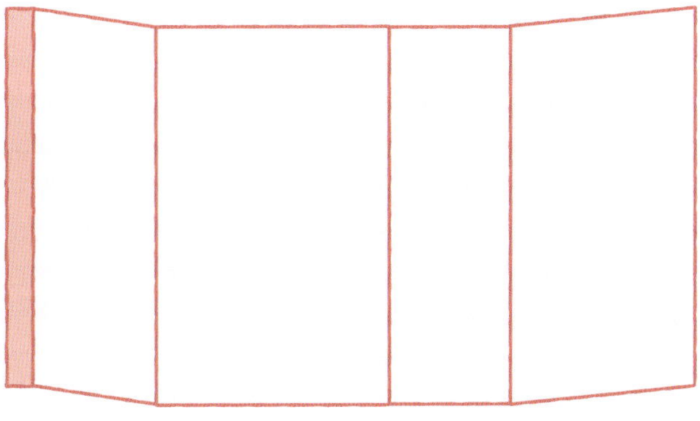

Zum Drucken wird die Innenseite des Milchkartons verwendet. Achten Sie darauf, das Motiv auf diese Seite und nicht auf die bedruckte Außenseite des Kartons zu übertragen.

DAS MOTIV AUF DIE DRUCKPLATTE ÜBERTRAGEN

1. Zeichnen Sie Ihren Entwurf, legen Sie ein Blatt Transparentpapier auf die Vorlage, und pausen Sie das Motiv mit einem weichen Bleistift oder einem Grafitstift durch.

2. Legen Sie das Transparentpapier mit der Zeichnung nach unten auf die Milchkartonplatte, und befestigen Sie es mit Klebeband. Das Motiv schimmert jetzt spiegelverkehrt durch das Papier. Das mag Sie verwirren, ist aber richtig.

3. Reiben Sie mit einem Falzbein oder einem Bleistift über die Rückseite des Transparentpapiers (von innen nach außen), sodass sich die Zeichnung auf den Milchkarton überträgt.

4. Ziehen Sie das Transparentpapier ab. Das Motiv erscheint jetzt spiegelverkehrt auf dem Milchkarton.

Sie können das Motiv natürlich auch direkt auf die Druckplatte zeichnen. Allerdings wird es dann spiegelverkehrt gedruckt.

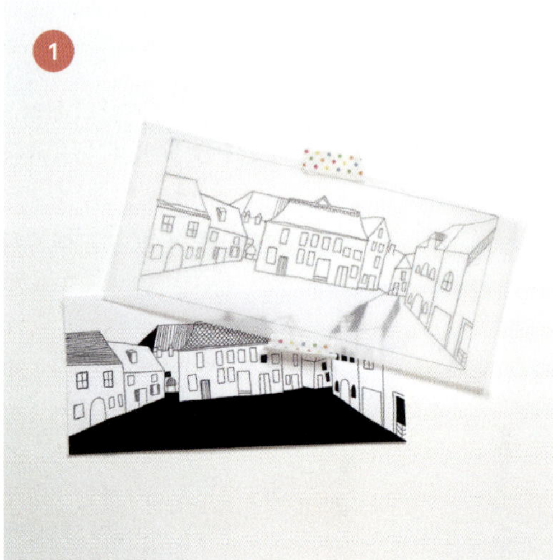

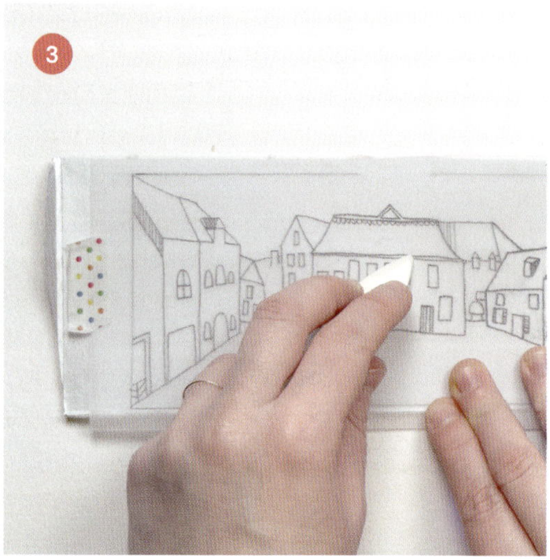

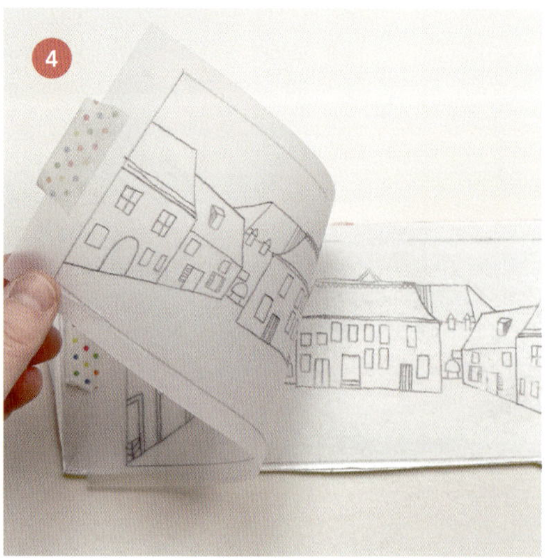

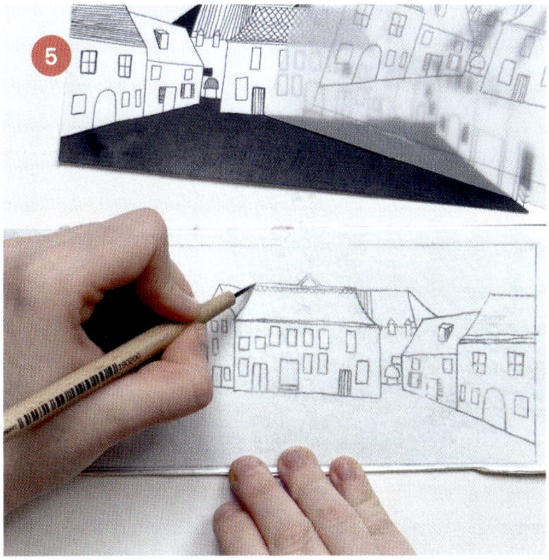

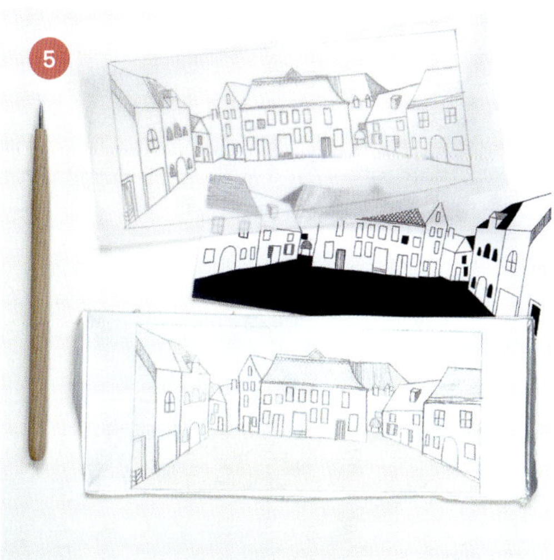

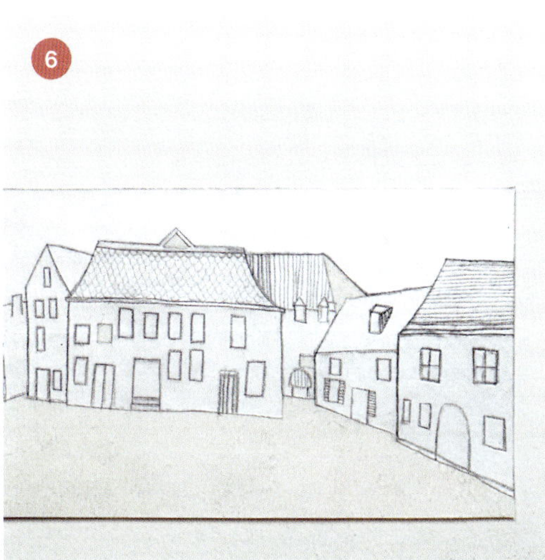

DIE DRUCKPLATTE GRAVIEREN UND ZUSCHNEIDEN

Die Gravur der Platte erfolgt für den Tiefdruck und den Hochdruck auf die gleiche Weise. Beim Tiefdruck wird die Farbe später aus den Vertiefungen übertragen. Beim Hochdruck hingegen wird alles außer den eingeritzten Konturen gedruckt.

Um beim Tiefdruck nicht nur Linien, sondern volle Farbflächen zu erhalten, kann die oberste Schicht des Milchkartons vorsichtig mit dem Cuttermesser entfernt werden. Der darunter liegende unbeschichtete Karton nimmt die Farbe auf und wird beim Abwischen der Platte nicht blank wie die restliche Oberfläche.

5. Nun können Sie Ihr Motiv mit einer Radiernadel oder einem anderen spitzen Gegenstand in die Platte ritzen. Führen Sie die Radiernadel wie einen Bleistift. Je nachdem, wie viel Druck Sie ausüben, entstehen tiefere oder flachere Kerben, die mehr oder weniger Farbe aufnehmen können.

6. Ist das Motiv vollständig auf die Platte übertragen, schneiden Sie die Platte auf die gewünschte Größe und Form zu.

Das Handhaben einer Radiernadel oder eines anderen Schneidwerkzeugs ist am Anfang vielleicht schwierig. Um ein Gefühl dafür zu entwickeln, üben Sie am besten an einem übrig gebliebenen Stück Karton.

DIE DRUCKPLATTE VERSTÄRKEN

Sie können sich die Handhabung der Druckplatte durch das Anbringen einer Rückwand erleichtern. Das ist bei Motiven, die aus mehreren Platten zusammengesetzt werden, besonders empfehlenswert, denn so kann nichts verrutschen.

Die Rückwand verleiht der Druckplatte Stabilität und kann gleichzeitig als Ausrichtungshilfe dienen, also dazu, das Druckmotiv immer an der richtigen Stelle auf dem Papier zu platzieren.

Hierfür eignen sich vor allem dünne Kunststofffolien (z. B. Overheadfolien), weil sie sich gut reinigen lassen und ihnen Feuchtigkeit nichts anhaben kann.

7. Zeichnen Sie mit einem Permanentmarker den Umriss des Druckpapiers auf die Folie. Drehen Sie die Folie um, sodass die Markerlinie unten liegt.

8. Legen Sie die Druckplatte auf die Folie – exakt in die Mitte der eingezeichneten Kontur –, und kleben Sie sie fest, z. B. mit doppelseitigem Klebeband.
   Flüssigklebstoff ist hierfür ungeeignet: Er könnte beim Drucken unter der Druckplatte hervorquellen und das Papier ruinieren.

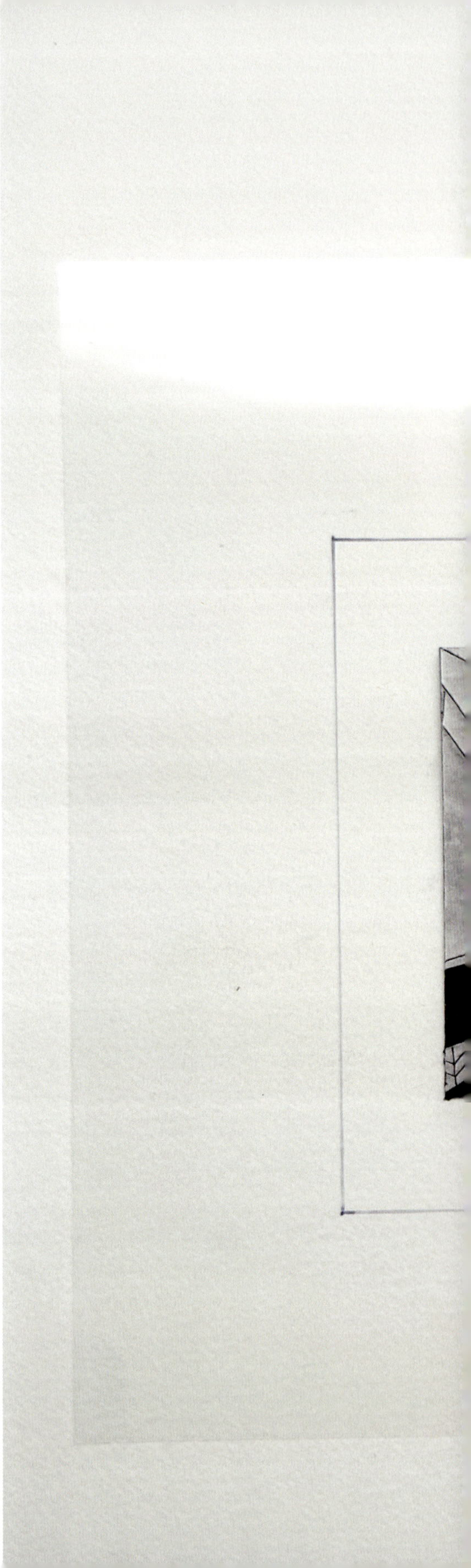

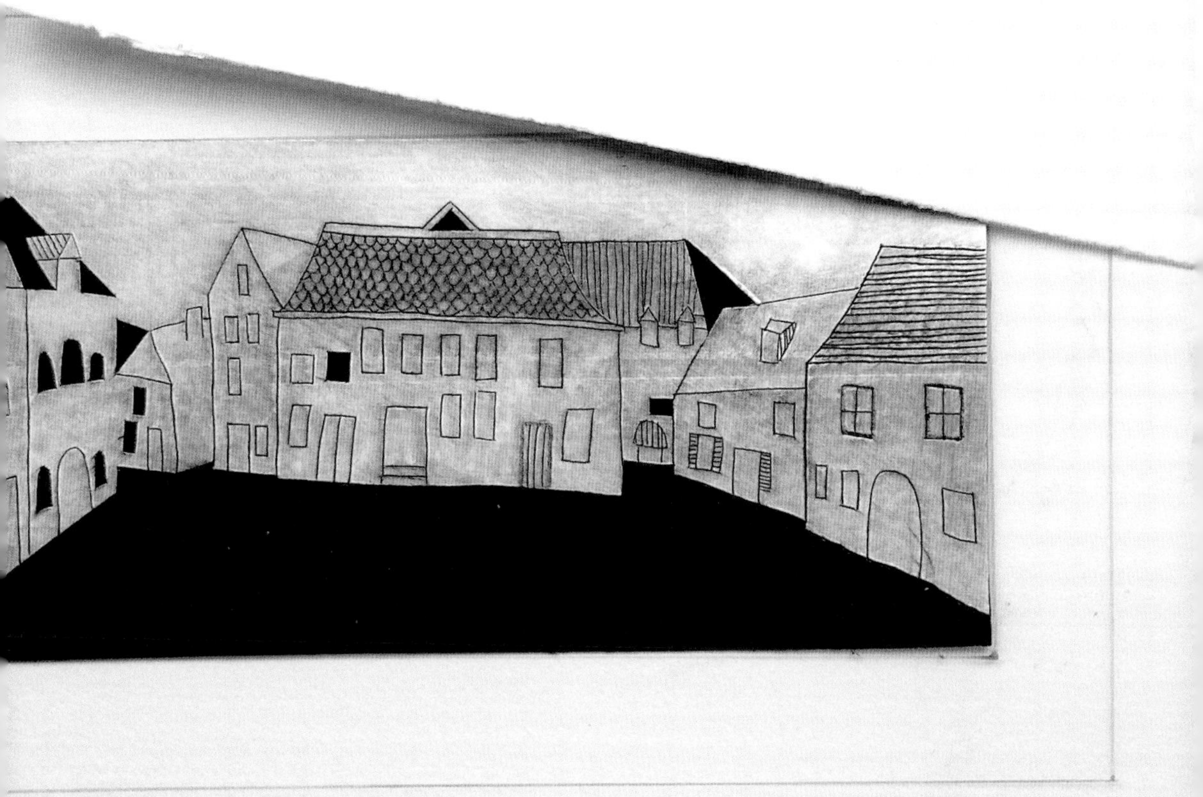

— Wenn möglich, verwenden Sie als Rückwand für die Druckplatte eine Folie, die etwas größer ist als das zu bedruckende Papier. Andernfalls hinterlassen die Ränder der Folie beim Drucken einen schwachen Abdruck auf dem Papier.

Das Papier vorbereiten

Ist das Druckpapier gut vorbereitet, erzielen Sie schnellere und bessere Druckergebnisse.

Normalerweise wird Druckpapier in großen Bogen in Standardformaten (z. B. 50 × 70 cm, 56 × 76 cm oder 70 × 100 cm) verkauft, die Sie Ihrem Motiv entsprechend auf die erforderliche Größe zuschneiden müssen.

Für den Tiefdruck muss das Papier angefeuchtet werden, damit es die Druckfarbe besser aufnimmt.

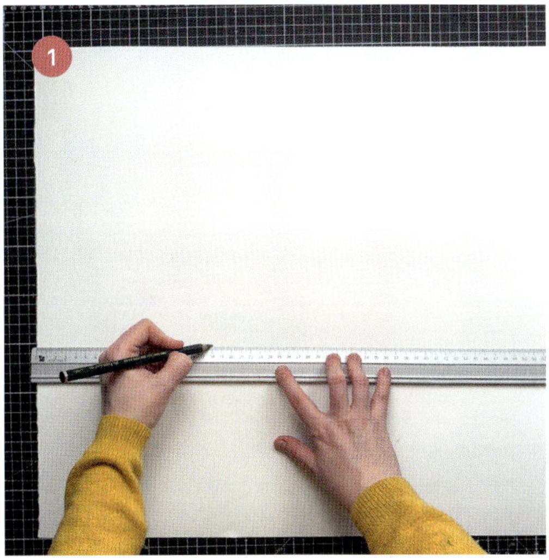

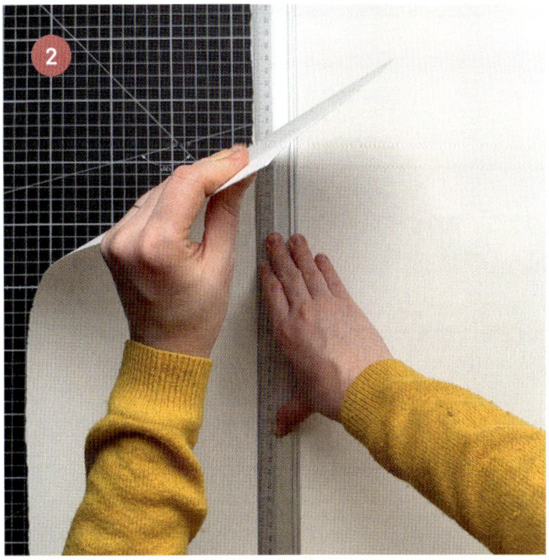

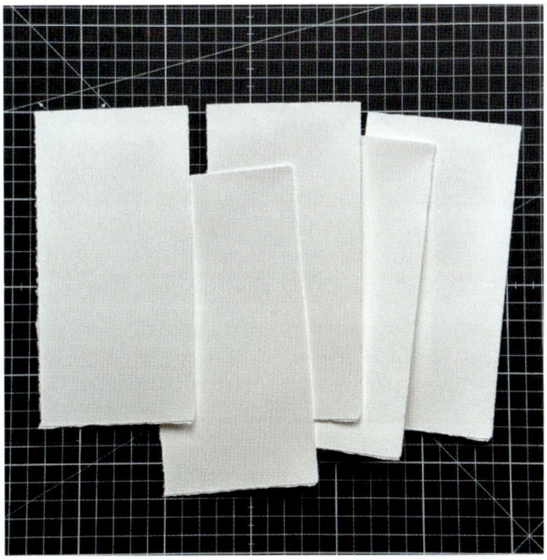

PAPIER REISSEN

Druckpapier wird in der Regel nicht mit Schere oder Cuttermesser zugeschnitten, sondern gerissen.

1. Legen Sie die gewünschte Papiergröße fest, tragen Sie die Maße ab, und markieren Sie die Messpunkte mit Bleistift.

2. Legen Sie ein langes Lineal auf die Bleistiftmarkierungen, und ziehen Sie vorsichtig, aber entschlossen an der gegenüberliegenden Papierecke, bis das Papier direkt neben dem Lineal reißt. Es entsteht eine unregelmäßige und natürliche Risskante. Damit sie gerade wird, müssen Sie viel Druck auf das Lineal ausüben.
   Wenn Sie glatte Kanten bevorzugen, können Sie das Papier mit einem Cuttermesser, einer Schneidemaschine oder einer Schere zuschneiden.

— Schneiden Sie genügend Papier für die geplante Auflage sowie einige zusätzliche Bogen für Test- und eventuelle Fehldrucke zu, damit Ihnen beim Drucken nicht plötzlich das Material ausgeht.

PAPIER FÜR DEN TIEFDRUCK VORBEREITEN

Für den Tiefdruck muss das Papier angefeuchtet werden, um die Fasern aufzuweichen. Sie werden dadurch flexibler und können die Druckfarbe besser aufnehmen.

Beim Hochdruck ist ein Anfeuchten des Papiers nicht unbedingt notwendig.

1. Legen Sie ein großes Stück Plastikfolie oder einem Müllsack auf Ihren Arbeitstisch. Befeuchten Sie die Oberfläche der Folie mithilfe eines nassen Schwamms oder einer mit Wasser gefüllten Sprühflasche.

2. Legen Sie ein Blatt Papier auf die Folie, und befeuchten Sie es vorsichtig mit dem Schwamm oder der Sprühflasche. Den Schwamm nur auftupfen, nicht reiben!

3. Ein weiteres Blatt auflegen und ebenfalls anfeuchten. Wiederholen Sie den Vorgang, bis alle Blätter angefeuchtet sind.

4. Falten Sie die Plastikfolie vorsichtig über den Papierstapel.
Er sollte gut eingepackt sein, damit das Papier feucht bleibt.

Lassen Sie das Papier einige Stunden oder über Nacht weichen.

Entfernen überschüssiger Feuchtigkeit

Vor dem Drucken muss das eingeweichte Papier abgetupft werden, um überschüssige Feuchtigkeit zu entfernen.

Das Papier soll gut durchfeuchtet, aber nicht tropfnass sein. Ist es zu nass, blutet die Druckfarbe aus (insbesondere Farbe auf Wasserbasis), oder es nimmt die Farbe erst gar nicht an; ist es zu trocken, wird die Farbe ebenfalls nicht richtig aufgenommen.

5. Legen Sie ein Blatt Druckpapier zwischen zwei Blätter Löschpapier oder zwei saubere Baumwolltücher.

6. Tupfen sie vorsichtig auf das obere Löschpapier oder Tuch, streichen Sie mit der Hand oder rollen Sie mit einem Nudelholz darüber, bis Sie mit dem Feuchtigkeitsgehalt des Druckpapiers zufrieden sind.

   Es ist etwas knifflig, das richtige Maß zu finden, aber mit ein wenig Übung schaffen Sie das.

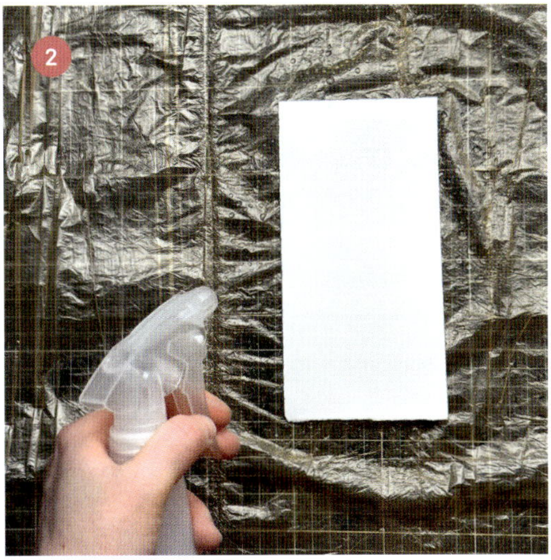
2

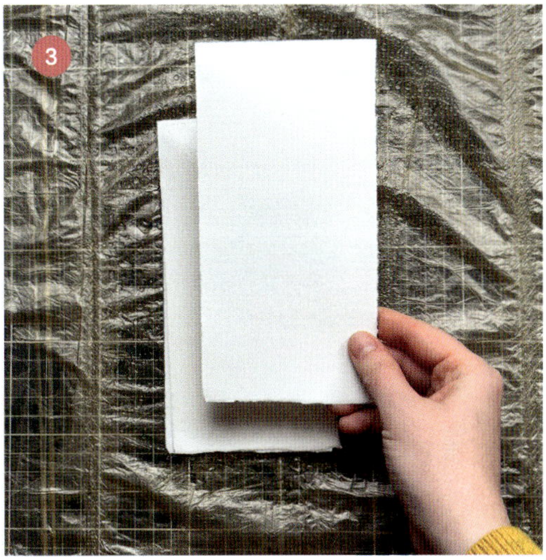
3

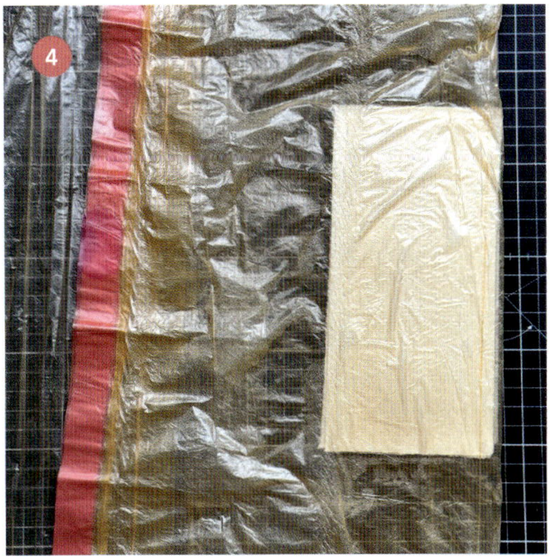
4

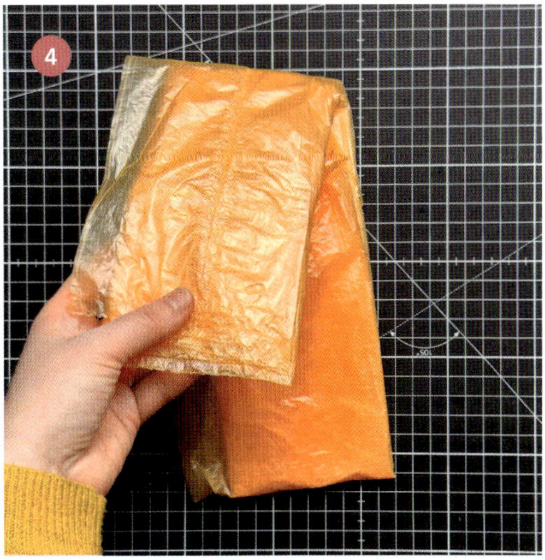
4

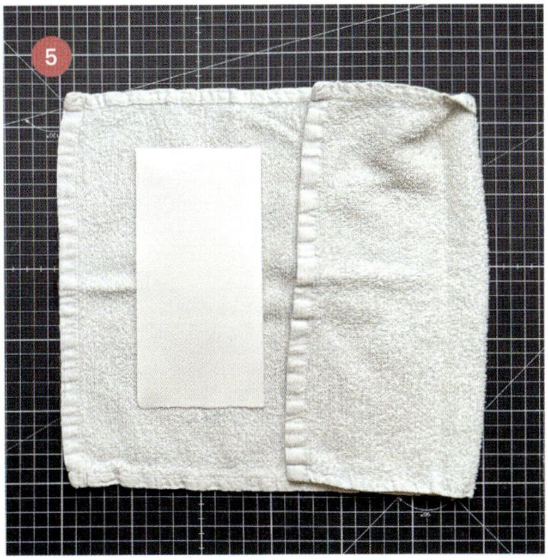
5

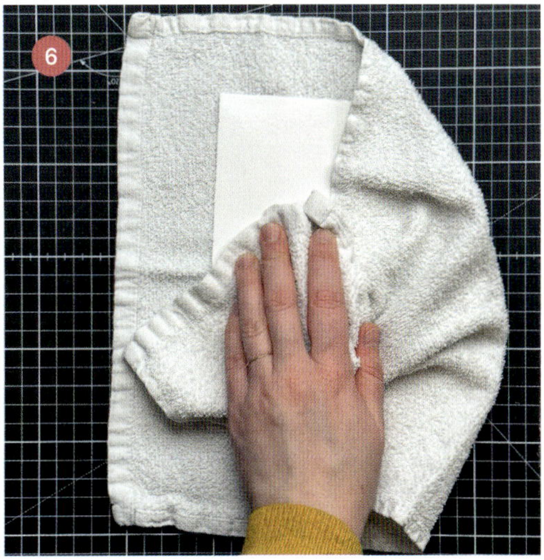
6

PAPIER AUFBEWAHREN

Druckpapier wird normalerweise in einer mit Plastik umhüllten Kartonschachtel geliefert. Bewahren Sie die Schachtel auf, und lagern Sie das Papier nach Möglichkeit flach.

Papierschränke (auch Zeichnungs- oder Grafikschränke genannt) sind dank ihrer breiten Schubladen für die Aufbewahrung von Druckpapier ideal, aber nicht gerade günstig. Außerdem nehmen sie viel Platz weg.
In meinem Atelier zu Hause lagere ich mein Papier und sonstiges Künstlermaterial in umgebauten Küchenschränken.
Büromöbel wie Rollcontainer oder Schubladenelemente sind eine preiswerte Alternative, bieten aber meistens nur Platz für Papiere bis zum Format DIN A3.

Wenn Sie keinen geeigneten Schrank haben, schauen Sie sich nach einer anderen passenden Lagermöglichkeit um.
Vielleicht können Sie Ihr Papier unter dem Bett oder auf dem Kleiderschrank verstauen – am besten in seiner Originalverpackung, um es vor Staub und Feuchtigkeit zu schützen.
Es direkt auf den Boden zu legen ist nicht empfehlenswert.

Übrig gebliebenes, bereits angefeuchtetes Druckpapier lassen Sie einige Stunden lang flach trocknen, ehe Sie es zu den anderen Bogen legen. Bei Bedarf können Sie es erneut zuschneiden, einweichen und abtupfen – sogar mehrfach. Druckpapier hält das aus, wenn es richtig behandelt und aufbewahrt wird.

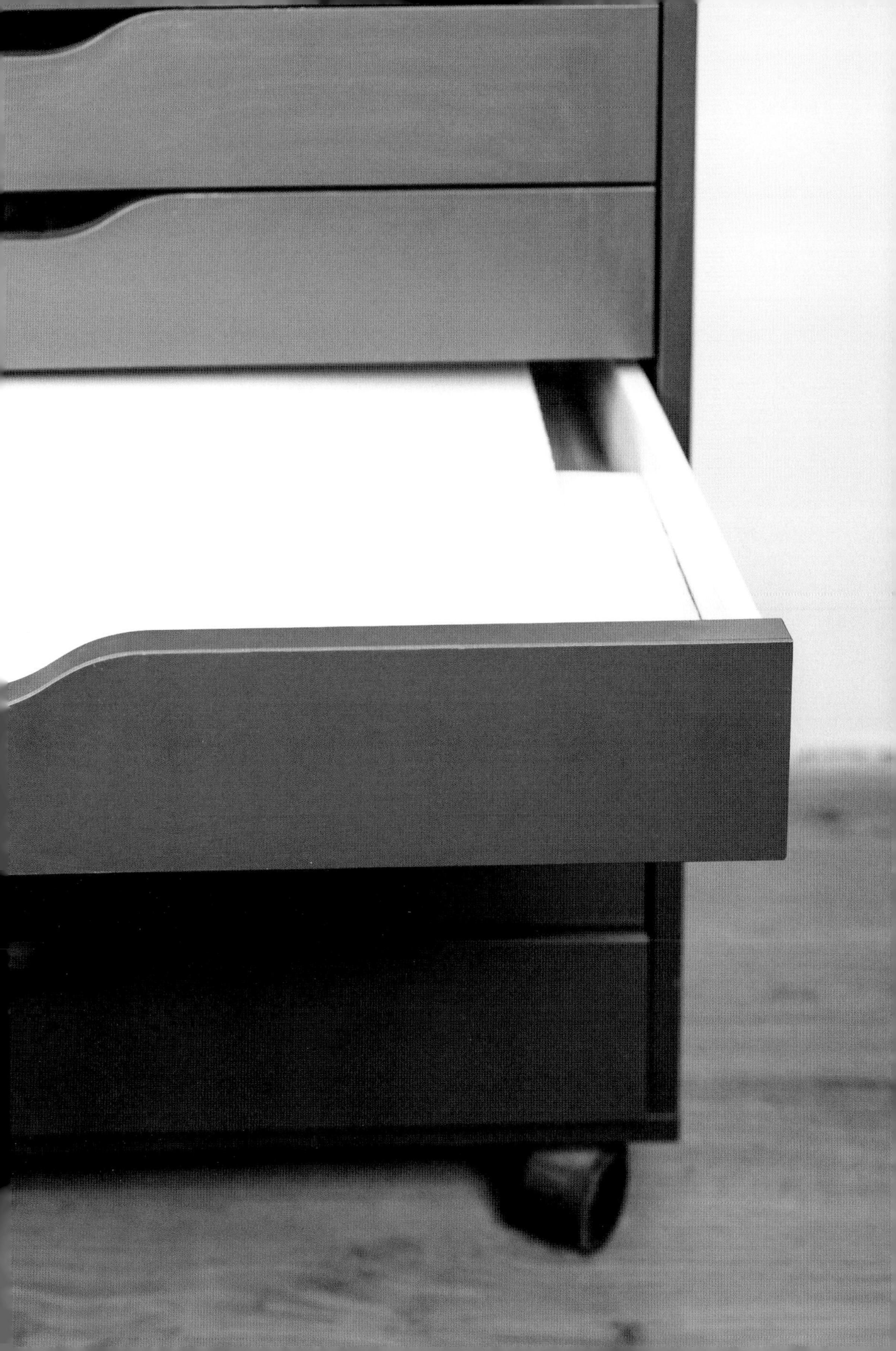

Den Arbeitsplatz vorbereiten

So verlockend es auch erscheinen mag, nun sofort mit dem Drucken zu beginnen – wirklich ratsam ist es nicht. Ich habe die Erfahrung gemacht, dass ich es weniger genieße und in Stress gerate, wenn ich meinen Arbeitsplatz nicht richtig vorbereite und mir nicht genug Zeit nehme, alle Werkzeuge bereitzulegen und mir den Platz einzuteilen.

Das Gravieren und Zuschneiden der Druckplatte können Sie im Voraus und ohne jeden Zeitdruck am Schreibtisch erledigen. Bei dieser Arbeit entsteht praktisch kein Schmutz – anders als beim Einfärben und Drucken.

Zum Drucken benötigen Sie einen großen Tisch, z. B. den Esstisch oder einen Ateliertisch. Ein Waschbecken in der Nähe ist ideal.

Um den Tisch vor Schmutz und Nässe zu schützen, decken Sie ihn mit Zeitungspapier, Kraftpapier, einem Wachstuch oder einem Müllsack ab – zumindest dort, wo Sie später mit Farbe hantieren.

Wenn nicht alle Utensilien, die Sie zum Drucken benötigen, auf Ihrem Tisch Platz finden, richten Sie sich einen «sauberen» und einen «schmutzigen» Bereich ein, z. B. einen kleinen Tisch für die Vorbereitung von Druckplatte und Papier (sauberer Bereich) und den Küchentisch für das Einfärben der Platte und für das Drucken (schmutziger Bereich).

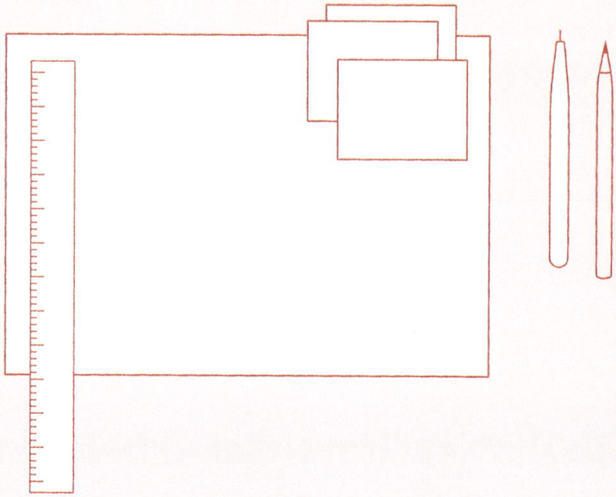

Sauberer Bereich

Zuschneiden des Papiers

Zuschneiden der Milchkartons

Zeichnen und Übertragen des Motivs auf die Druckplatte

Anfeuchten des Papiers

Aufbewahren der fertigen Abzüge

Schmutziger Bereich

Vorbereiten der Druckfarbe

Auftragen der Farbe auf die Platte

Drucken

Ich beginne am liebsten mit den «Trockenarbeiten», damit mein Arbeitsplatz so lange wie möglich sauber bleibt.

Der Zuschnitt des Papiers kann bei großen Bogen viel Platz beanspruchen; der Tisch sollte also frei bleiben, bis es erledigt ist. Sie können das Papier natürlich auch am Vortag zuschneiden.
Dann genügt es, wenn Sie einen Teil der Tischplatte für den Papierstapel und zum Abtupfen der Bogen reservieren. Die restliche Fläche können Sie als «schmutzigen» Bereich zum Einfärben und Drucken deklarieren.

Wenn Sie mit dem Drucken beginnen möchten, platzieren Sie Ihre Werkzeuge – Nudelmaschine, Baren oder Holzlöffel usw. – in der Reihenfolge, in der Sie sie später benötigen. Lagern Sie Ihr Druckpapier unbedingt mit ausreichendem Abstand zum «schmutzigen» Bereich .

Eine Nudelmaschine steht stabiler, wenn sie am Tisch befestigt wird. Bei Verwendung einer normalen Druckpresse sollten Sie Ihren Arbeitsplatz in deren Nähe einrichten.

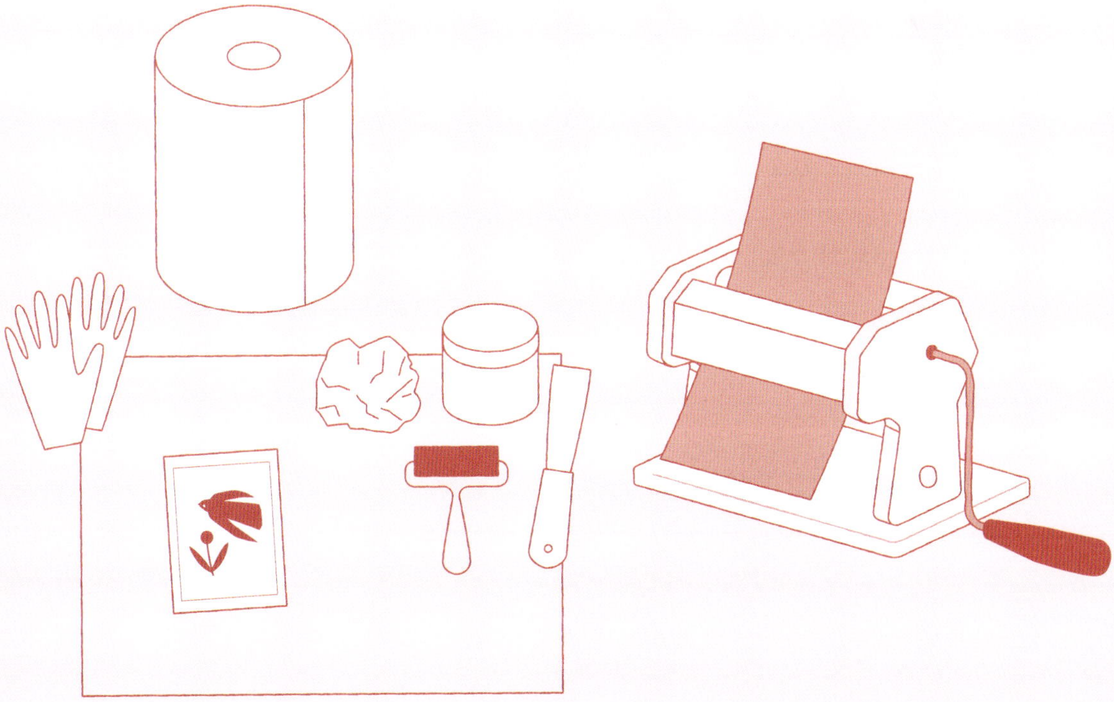

Los geht's!

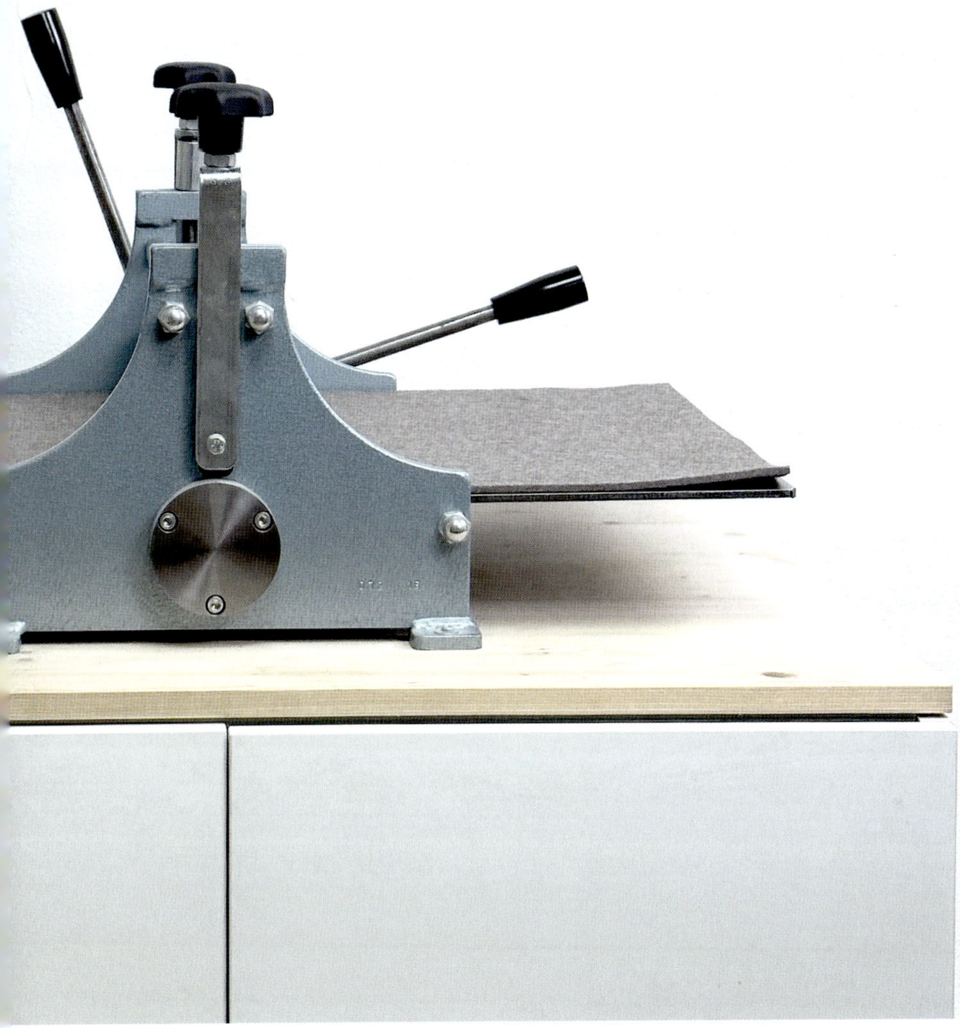

Tiefdruck

Beim Tiefdruck wird die Druckfarbe in die Vertiefungen der Druckplatte gedrückt.

Für diese Technik müssen Sie das Druckpapier anfeuchten, damit es die Farbe besser aufnehmen kann (siehe S. 38).

Die Farbe wird zunächst auf die gesamte Platte aufgetragen und dann mit einer Rakel oder einer Plastikkarte in die Ritzen gedrückt. Anschließend wird die Druckplatte vorsichtig abgewischt, sodass nur in den Vertiefungen Druckfarbe zurückbleibt.

Nach dem Einfärben der Platte können Sie mit dem Drucken beginnen.

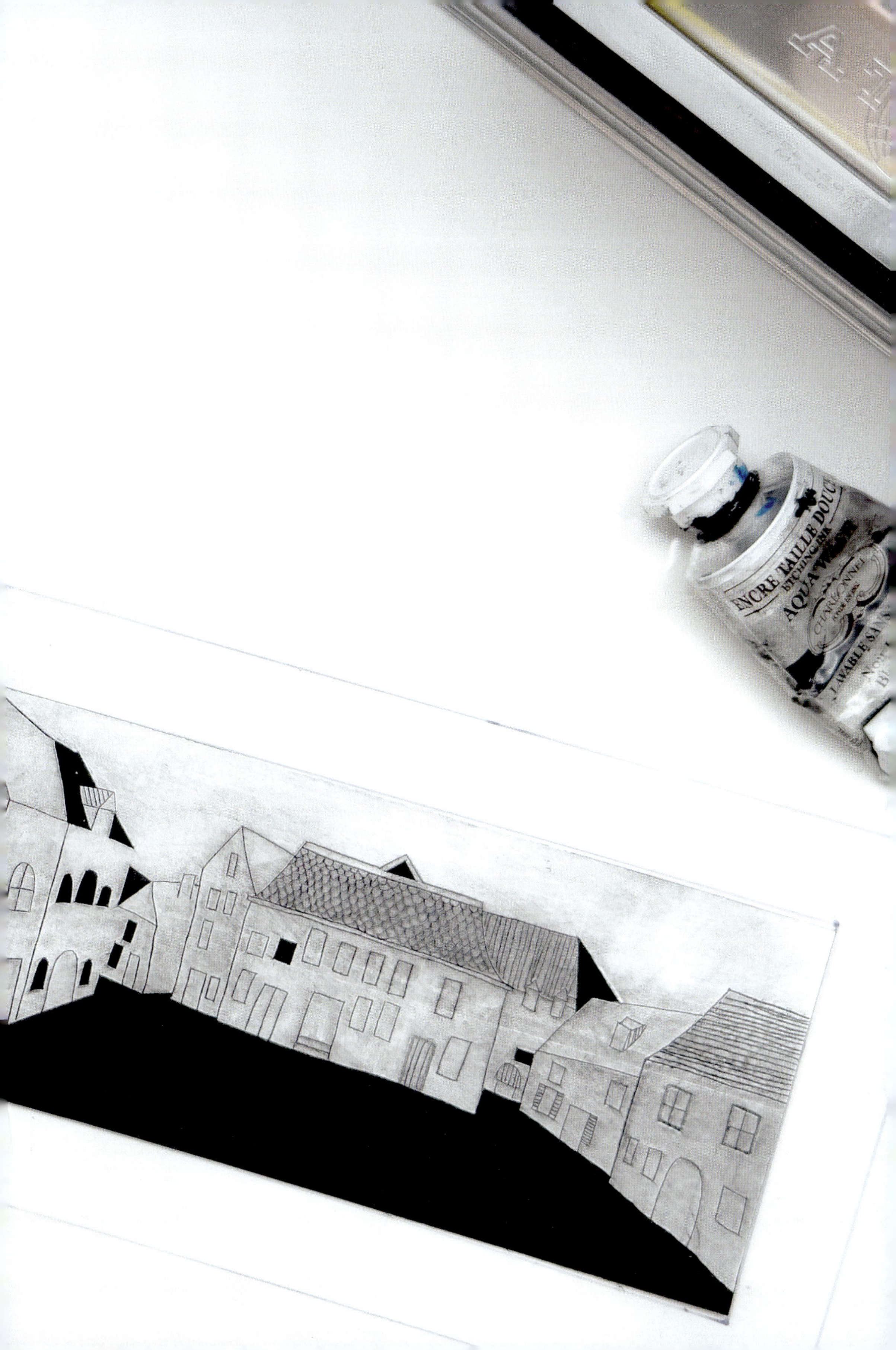

FARBE AUFTRAGEN

1. Nehmen Sie mit einem Palettmesser oder Spatel etwas Farbe aus der Tube oder Dose, und verteilen Sie sie auf der Druckplatte. Eine kleine Menge genügt – bei Bedarf können Sie immer noch nachlegen.

2. Die Farbe über die gesamte Druckplatte verteilen und in die Vertiefungen drücken, z.B. mit einem Stück Milchkarton oder einem Wattestäbchen.

3. Zerknüllen Sie ein Stück Wischgaze, und wischen Sie die überschüssige Druckfarbe mit kreisenden Bewegungen von außen nach innen von der Druckplatte. Dabei wird die Oberfläche schön blank und die Farbe gleichzeitig weiter in die Rillen gedrückt.
Nicht zu viel Druck ausüben, um die Farbe nicht wieder aus den Vertiefungen herauszureiben.

4. Mit Zeitungspapier, Packseide oder einem feineren Stoff nachwischen. Führen Sie das Papier oder den Stoff mit der flachen Hand nur über die Oberfläche der Druckplatte.

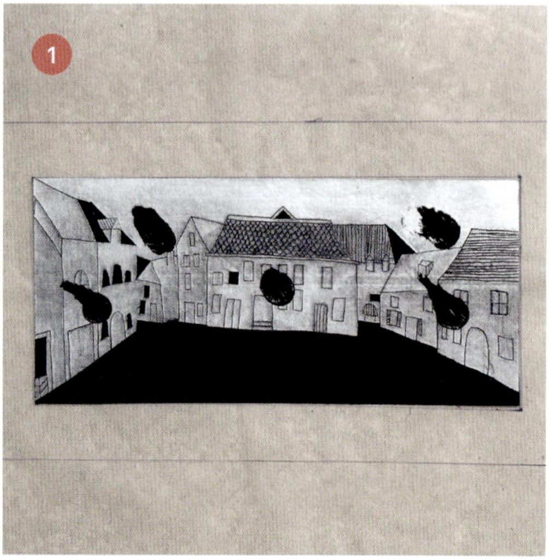

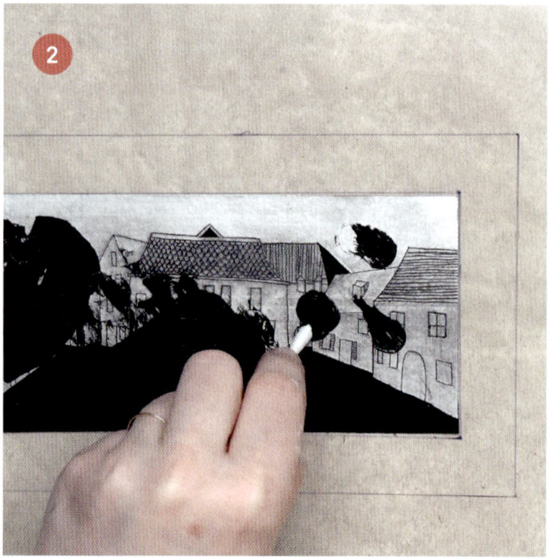

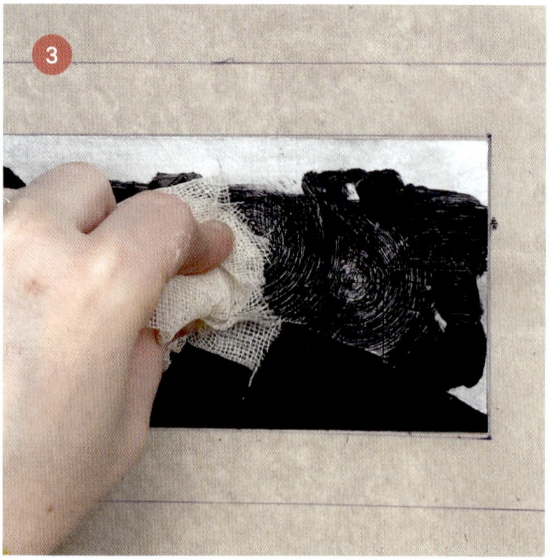

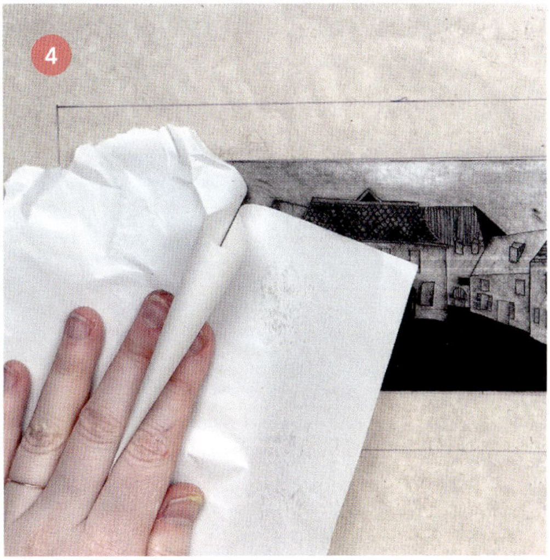

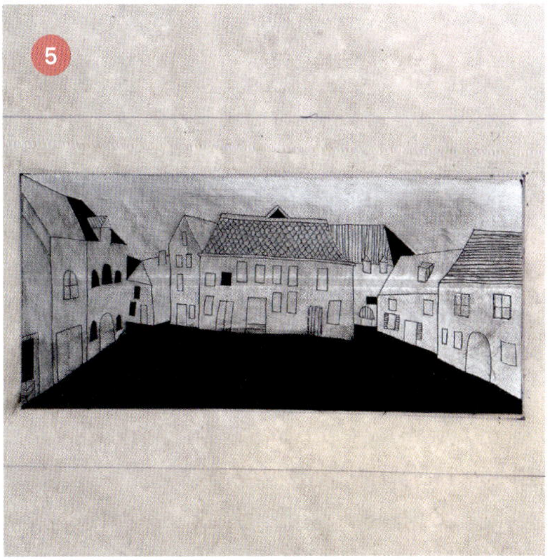

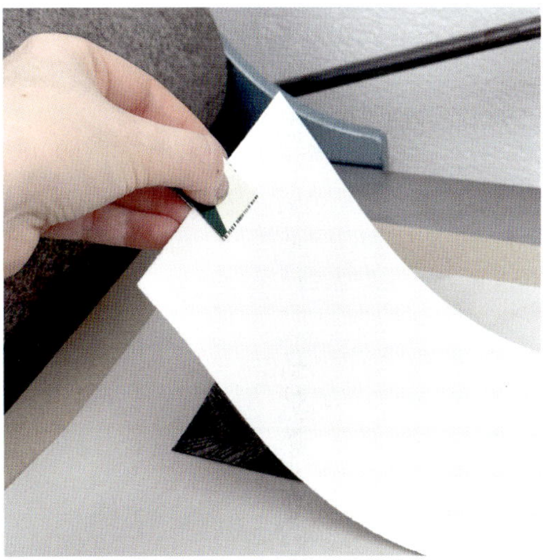

5. Die Platte ist gebrauchsfertig, wenn auf ihrer Oberfläche keine Spuren von Druckfarbe mehr zu sehen sind.

   Auch wenn die Oberfläche der Druckplatte nun sauber aussieht, enthält sie wahrscheinlich noch einen dünnen Farbschleier, den sogenannten Plattenton. Wie viel Plattenton erhalten bleibt, ist schwer zu kontrollieren.

6. Um Akzente zu setzen, können Sie die hellsten Stellen Ihrer Druckplatte besonders sorgfältig abwischen oder mit einem Wattestäbchen Highlights setzen.

7. Wischen Sie die Ränder Ihrer Druckplatte ab, denn manchmal sammelt sich dort Farbe an, die einen schmutzigen Rand auf dem Abzug hinterlässt. Wenn Sie die Platte auf eine Folie geklebt haben, reinigen Sie auch diese.

— Nach dem Auftragen der Farbe und dem Abwischen der Druckplatte haben Sie bestimmt schmutzige Finger, die Abdrücke auf dem Druckpapier hinterlassen würden.
Davor schützen Klemmen, die Sie aus Karton oder Milchkarton selbst basteln können: Zwei Streifen (Milch-)Karton in ca. 4 × 6 cm große Rechtecke schneiden und der Breite nach in der Mitte knicken. Fassen Sie das Druckpapier nur mit diesen selbst gemachten Klemmen.

DRUCKEN MIT DER RADIERPRESSE

Beim Tiefdruck muss viel Druck auf Druckplatte und Papier ausgeübt werden. Mit einer Druckpresse erzielt man deutlich bessere Ergebnisse als von Hand.

Achten Sie darauf, dass der Schlitten vor dem Drucken makellos sauber ist.

1. Legen Sie ein Stück festes Papier, beispielsweise ein Stück Graupappe, auf den Schlitten, und decken Sie es mit Packseide oder dünnem Papier ab. Die Druckplatte mit der eingefärbten Seite nach oben darauflegen.

2. Das abgetupfte Druckpapier vorsichtig auf die Platte legen – entweder mit sehr sauberen Händen oder mithilfe (selbst gebastelter) Klemmen (siehe S. 49).

3. Decken Sie das Druckpapier mit einem Bogen Makulaturpapier oder Packseide und zum Schluss mit einem Stück Druckfilz ab.

Achten Sie darauf, dass das Papier gerade und mittig ausgerichtet ist und alle Schichten bündig liegen, sodass sie glatt durch die Druckpresse laufen und sich nicht verkanten können.

4. Stellen Sie den Anpressdruck Ihrer Druckpresse durch Drehen der Spindeln ein. Das ist ein wenig knifflig: Bei zu geringem Druck nimmt das Druckpapier die Farbe nicht richtig an, ist der Druck zu stark, können Papier und Druckplatte beschädigt werden. Ob Sie auf Anhieb die richtige Einstellung gefunden haben, sehen Sie, wenn der erste Abzug fertig ist.

   Prüfen Sie, ob die Walze exakt horizontal über dem Druckfilz liegt, sodass der Druck sich gleichmäßig verteilt.

5. Drehen Sie Ihr «Paket» durch die Presse. Entnehmen Sie den Druck, und legen Sie ihn in den «sauberen Bereich» Ihres Arbeitsplatzes.

6. Kontrollieren Sie, ob der Abzug gelungen ist oder ob Sie an der Druckplatte, beim Farbauftrag, bei der Vorbereitung des Papiers oder an der Einstellung der Druckpresse etwas ändern müssen.

7. Legen Sie den Abzug zwischen zwei Bogen dünnes Papier und dann zum Trocknen mehrere Stunden unter einen Bücherstapel.

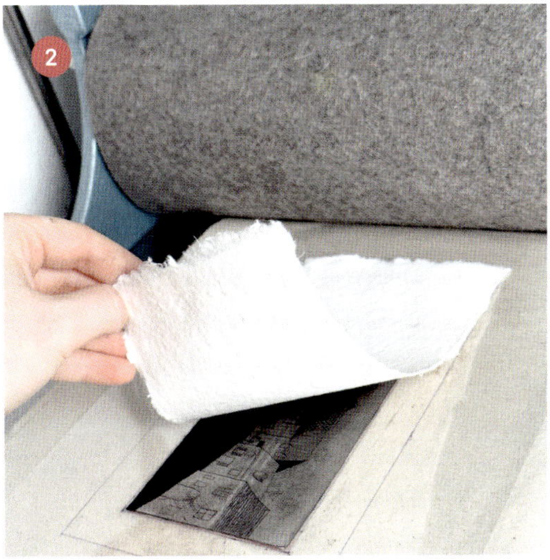

WEITERE ABZÜGE DRUCKEN

Nehmen Sie die Druckplatte aus der Presse, führen Sie bei Bedarf notwendige Korrekturen durch, und färben Sie die Platte für den nächsten Druck neu ein.

Drucken Sie so viel und so lange, wie Sie möchten – bis Ihnen das Papier ausgeht oder die Druckplatte zerschlissen ist oder Sie körperlich «platt» sind. Drucken kann nämlich sehr anstrengend sein.

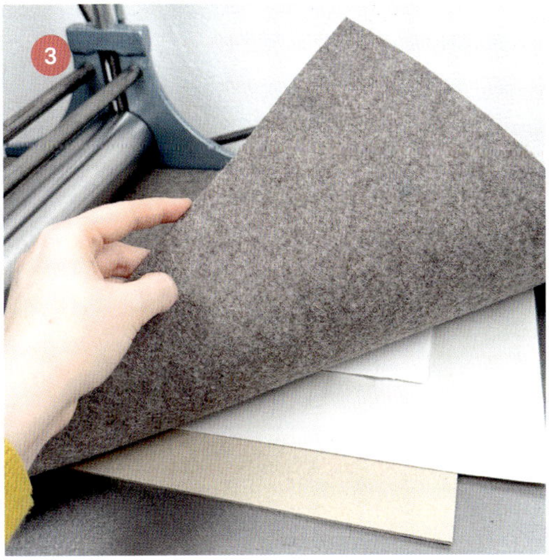

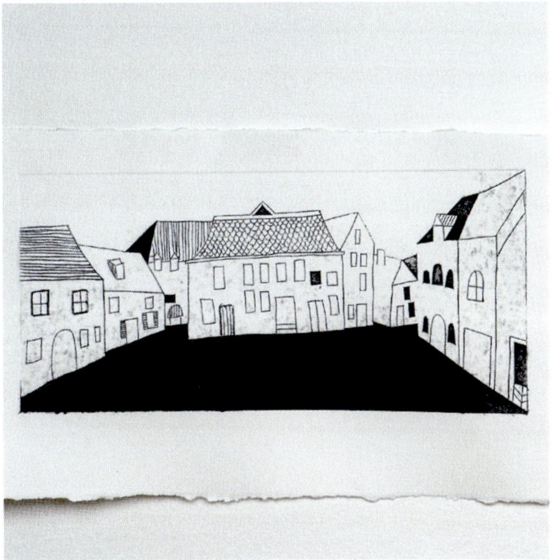

DRUCKEN MIT DER NUDELMASCHINE

Das Besondere am Milchkartondruck ist, dass er mehr oder weniger komplett mithilfe von Haushaltsgegenständen und -geräten ausgeführt werden kann.
Zu ihnen gehört auch die Nudelmaschine, die in vielen Haushalten jahrelang unbenutzt im Küchenschrank verstaubt.

Wie die Radierpresse besitzt die Nudelmaschine zwei Metallwalzen, die, je nach Einstellung, mehr oder weniger Druck aufeinander ausüben. Einige abenteuerlustige Druckgrafiker:innen hat das auf die Idee gebracht, Nudelmaschinen zu Druckpressen umzubauen.

Allerdings hat eine Nudelmaschine keinen Schlitten und wird von oben, nicht von der Seite gefüttert. Das Papier muss vorsichtig mit der Hand eingeführt, während des Druckens begleitet und anschließend unten herausgenommen werden.
Die Voraussetzung dafür ist, dass alle Materialien, die durch die Presse gedreht werden, biegsam sind.

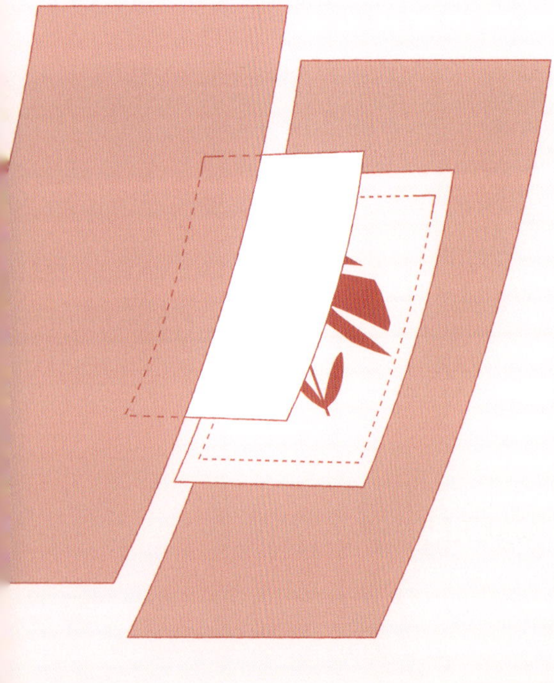

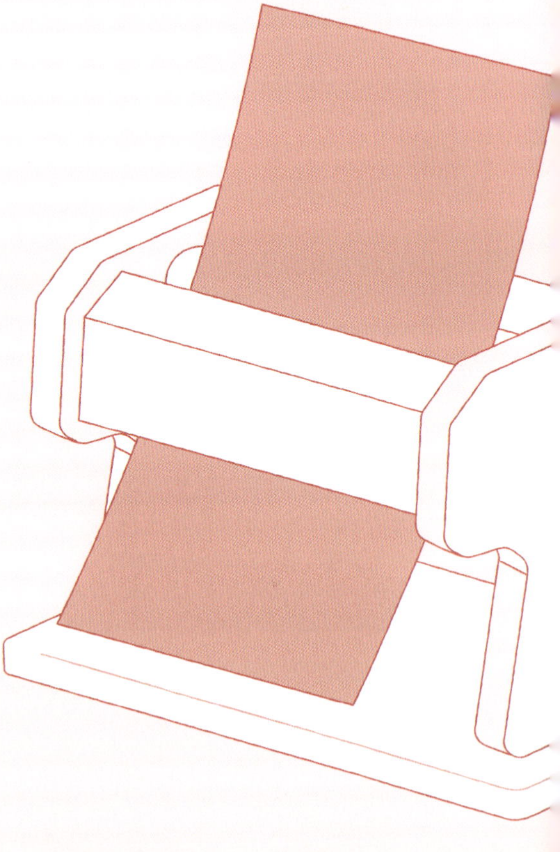

DAS DRUCKSANDWICH

Es empfiehlt sich, das Papier und die Druckplatte zwischen zwei Moosgummiplatten oder Filzmatten zu legen.
So verteilt sich der Anpressdruck besser, und das Handling wird einfacher.
Ich nenne dieses Päckchen gerne «Drucksandwich».

1. Messen Sie die Breite der Walzen aus. Schneiden Sie aus Moosgummi oder Filz zwei Matten zu, die etwa 2 cm schmaler sind als die Walzen. Die Länge der Matten können Sie nach Bedarf festlegen, die Matten sollten jedoch etwas länger als das Druckpapier sein.

2. Legen Sie eine Matte auf die Arbeitsfläche und darauf die eingefärbte Druckplatte und das Druckpapier.

3. Legen Sie vorsichtig die zweite Matte auf, ohne das Papier und die Druckplatte zu bewegen. Dies ist das Drucksandwich, das nun durch die Presse geführt wird.

Um die Moosgummiplatten vor Farbflecken zu schützen und sie mehrmals verwenden zu können, legen Sie jeweils ein Blatt Packseide oder Makulaturpapier zwischen die Moosgummiplatte und das Druckpapier sowie zwischen die Druckplatte und die zweite Moosgummiplatte.

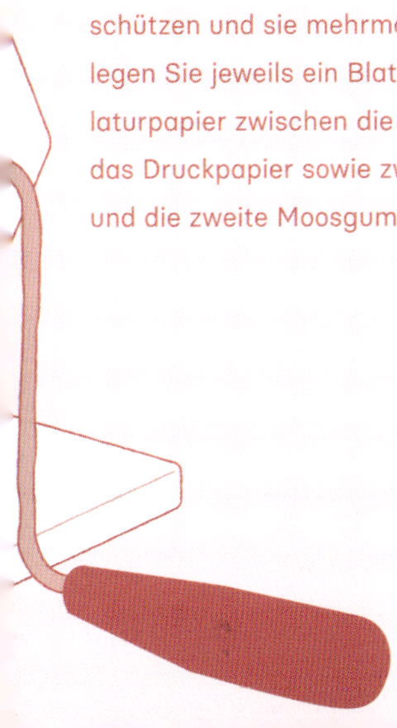

VERTIKALER DRUCK

4. Befestigen Sie die Nudelmaschine mit der Zwinge an Ihrem Arbeitstisch, und stellen Sie den Anpressdruck ein.

5. Legen Sie das Drucksandwich mittig an der oberen Walze an, sodass es gerade durch die Presse laufen kann.

6. Halten Sie mit einer Hand das Drucksandwich, und drehen Sie mit der anderen vorsichtig im Uhrzeigersinn die Kurbel. Die Walzen ziehen das Drucksandwich durch die Presse.

7. Sobald das Drucksandwich unten zwischen den beiden Walzen hervorlugt, können Sie das obere Ende loslassen und das untere vorsichtig mit der Hand begleiten, bis das Sandwich die Presse komplett durchlaufen hat. Achten Sie darauf, dass die Kanten nicht gegen die Tischplatte stoßen.

8. Das Drucksandwich vorsichtig auf den Arbeitstisch legen und den fertigen Druck entnehmen.

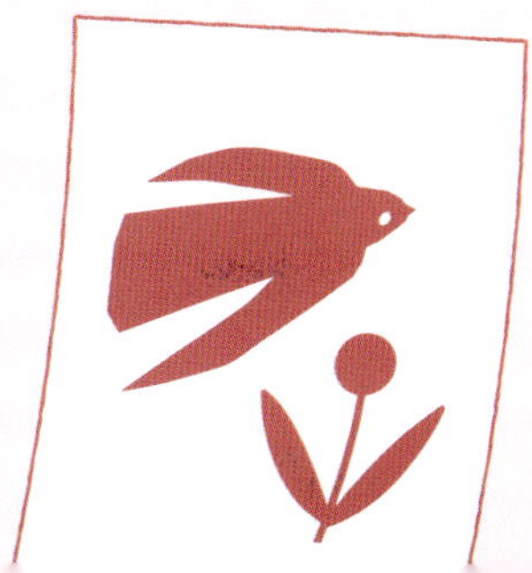

Hoch- oder Reliefdruck

Beim Hochdruck wird die Farbe auf die Oberfläche der Druckplatte aufgetragen.

Für diese Technik kann sowohl schweres als auch leichteres Papier verwendet werden. Das Papier muss nicht angefeuchtet werden.

Der Druckvorgang kann mit einer Druckpresse (Radierpresse, Nudelmaschine oder Handhebelpresse) durchgeführt werden; wenn jedoch keine Druckpresse zur Verfügung steht, kann auch ohne Druckpresse gearbeitet werden.

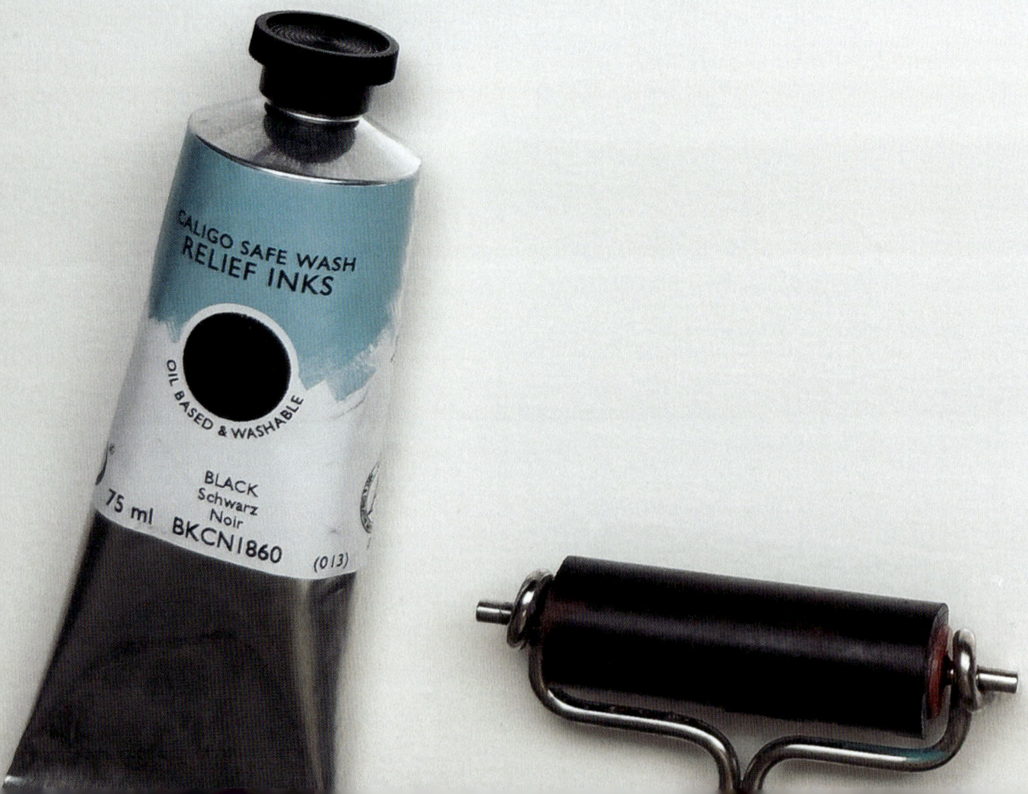

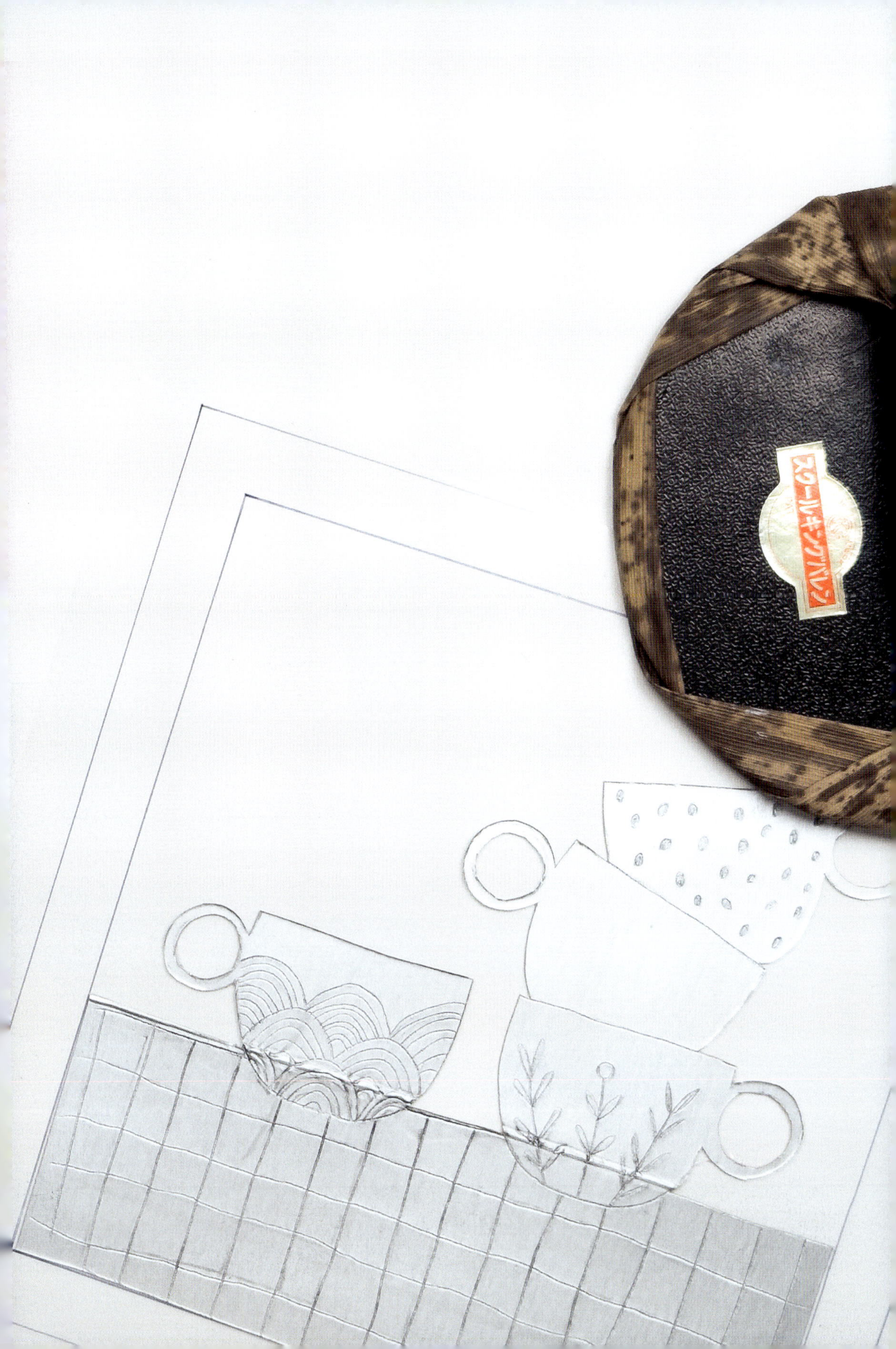
スクールキングバレン

FARBE AUSROLLEN UND AUFTRAGEN

1. Entnehmen Sie mit einem Palettmesser oder Holzspatel etwas Farbe aus der Dose, und tragen Sie sie auf eine Glas- oder Plexiglasplatte auf.

2. Rollen Sie die Walze mehrmals in unterschiedlichen Richtungen (nicht nur hin und her) durch die Farbe, bis die Walze vollständig eingefärbt ist.

3. Tragen Sie die Farbe dünn und gleichmäßig auf die erhabenen Stellen der Druckplatte auf. Die Walze bei Bedarf noch einmal einfärben.

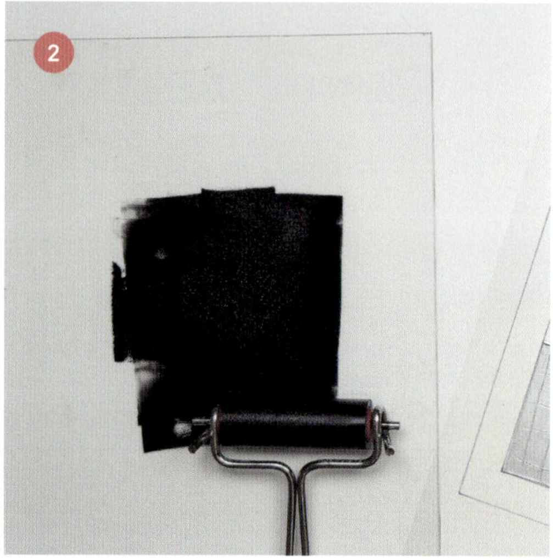

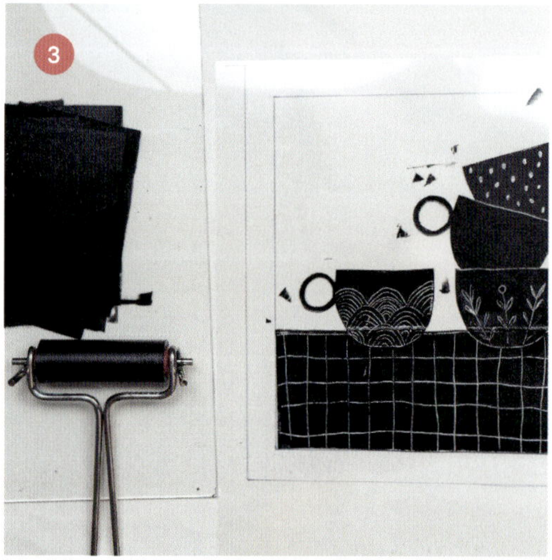

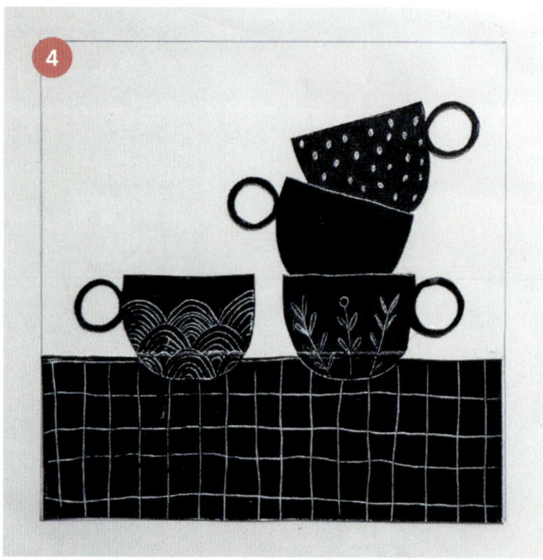

Dass die Druckfarbe gut ausgewalzt ist, erkennen Sie an ihrer sämigen Konsistenz und einem schmatzenden Geräusch beim Walzen.

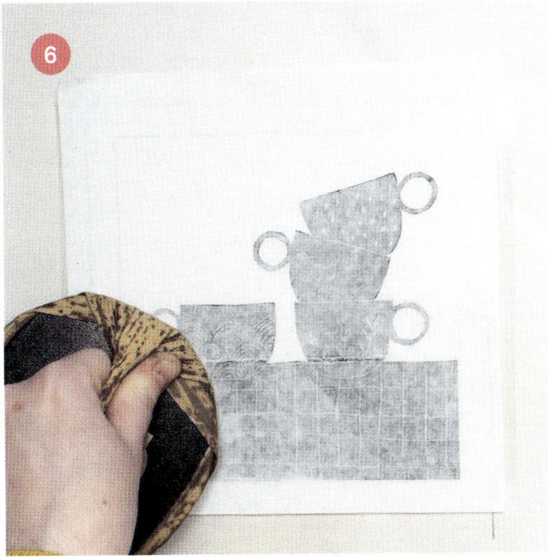

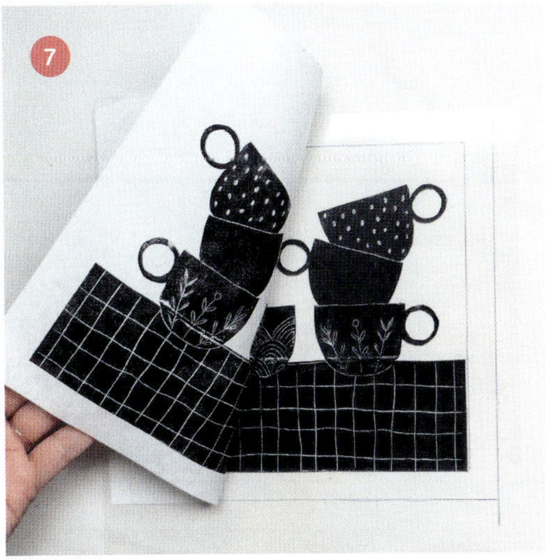

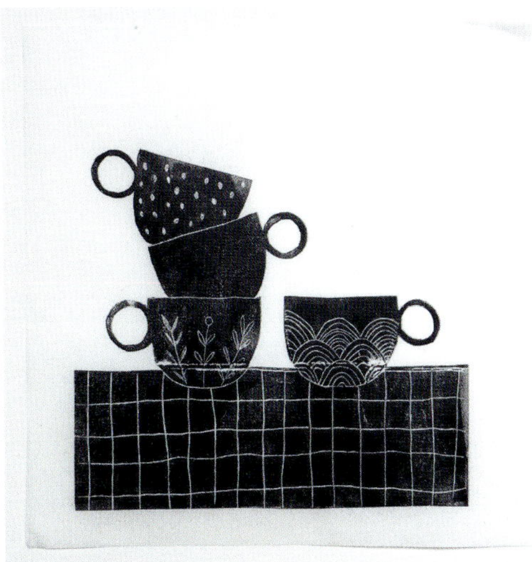

DRUCKEN OHNE DRUCKPRESSE

4. Legen Sie die Druckplatte mit der eingefärbten Seite nach oben auf Ihre Arbeitsfläche. Falls Sie die Druckplatte auf eine Folie montiert haben, muss auch diese makellos sauber sein.

5. Das Druckpapier vorsichtig auf die Druckplatte legen. Wenn Sie die Platte mit einer Folie verstärkt haben, können Sie sich beim Auflegen des Papiers an deren Kanten orientieren.

6. Reiben Sie mit dem Baren oder einem Löffel die Rückseite des Druckpapiers ab. Bei dünnem Papier können Sie sehen, wie sich die Druckfarbe überträgt.
   Sehr empfindliches Papier sollten Sie mit einem Bogen Packseide abdecken, damit es nicht knittert oder gar reißt, wenn es abgerieben wird.

7. Ziehen Sie den Druck von der Platte ab, und prüfen Sie, ob er gut gelungen ist. Hängen Sie den fertigen Druck zum Trocknen an eine Wäscheleine, oder legen Sie ihn beiseite.

WEITERE ABZÜGE DRUCKEN

Stellen Sie durch Wiederholen der Schritte 2 bis 7 beliebig viele weitere Abzüge her.

Letterpress

«Letterpress» ist das englische Wort für «Buchdruck». Hierfür werden einzelne Buchstaben bzw. Lettern aus Holz oder Metall von Hand auf einer Druckplatte angeordnet.

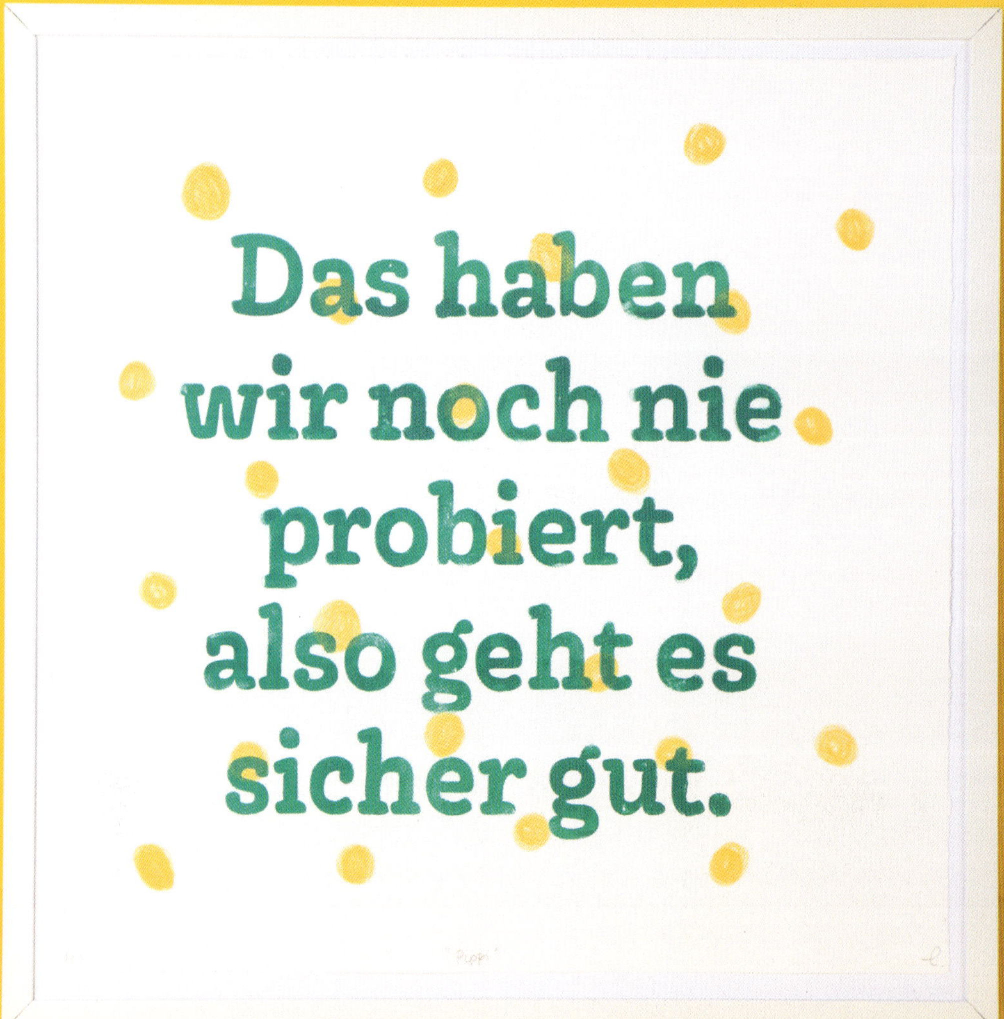

Die Druckplatte wird anschließend eingefärbt und das Papier mithilfe einer Handpresse bedruckt.

Vor der Erfindung des Offsetdrucks produzierte man Bücher, Anzeigen und Zeitungen auf der Grundlage dieses Verfahrens – wenn auch die Lettern bald nicht mehr von Hand gesetzt wurden.
Heute gilt der Buchdruck als Form der künstlerischen Druckgrafik – etwa zur Herstellung hochwertiger Visitenkarten, Kunstdrucke oder Einladungen.

Letterpress-Drucke haben ein unverwechselbares Aussehen und eine besondere Haptik, die durch rudimentäre Prägespuren entsteht.

Mit Milchkartons lässt sich eine vereinfachte, experimentelle Version des Buchdrucks umsetzen. Die Buchstaben werden auf einer Folie angeordnet, und es wird auf schweres Papier gedruckt.

— Pearl Letterpress (links) und Adana Tabletop Letterpress (rechts).

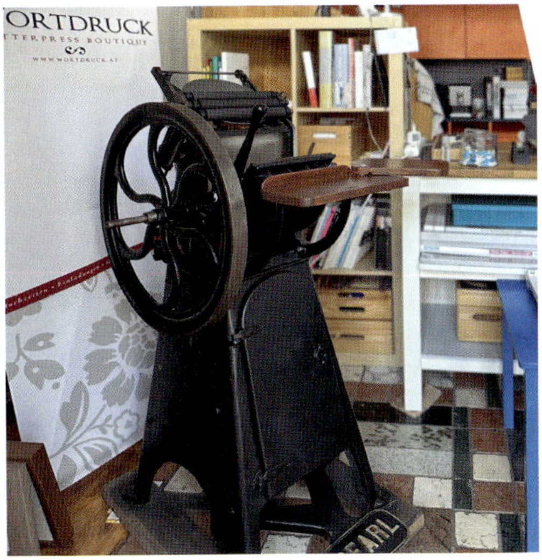

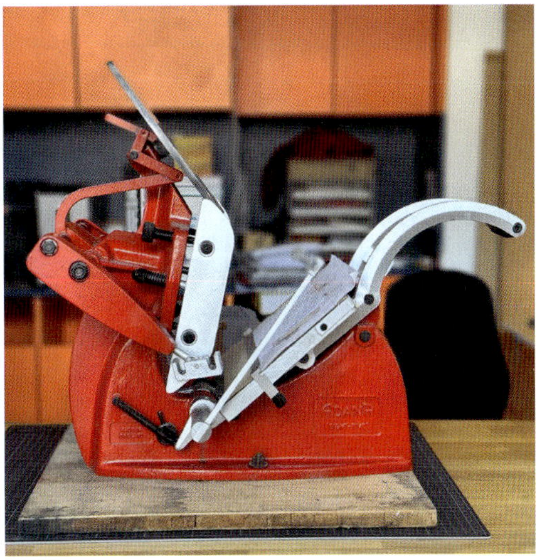

LETTERN GESTALTEN UND SCHNEIDEN

1. Schreiben Sie einen Text in den Computer, oder zeichnen Sie die Lettern von Hand. Sie müssen so groß sein, dass sie sich gut ausschneiden lassen, aber jeweils komplett auf ein glattes Stück Milchkarton passen, ohne den Falz zu berühren.

2. Drucken Sie den Text aus, einmal in der normalen Leserichtung und einmal spiegelverkehrt.
   Die spiegelverkehrte Kopie bewahren Sie für später auf.

3. Legen Sie den Ausdruck auf die bedruckte Seite einer Milchkartonplatte, und befestigen Sie ihn mit Klebeband. Eventuell müssen Sie die einzelnen Lettern auf mehrere Milchkartonplatten verteilen.

4. Schneiden Sie die Lettern mit einem Skalpell vorsichtig aus.

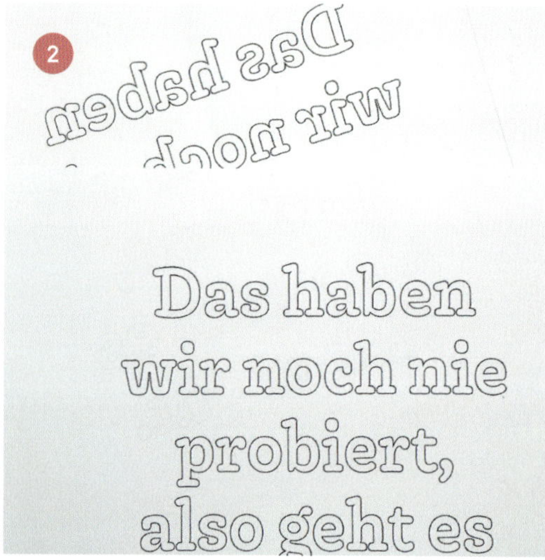

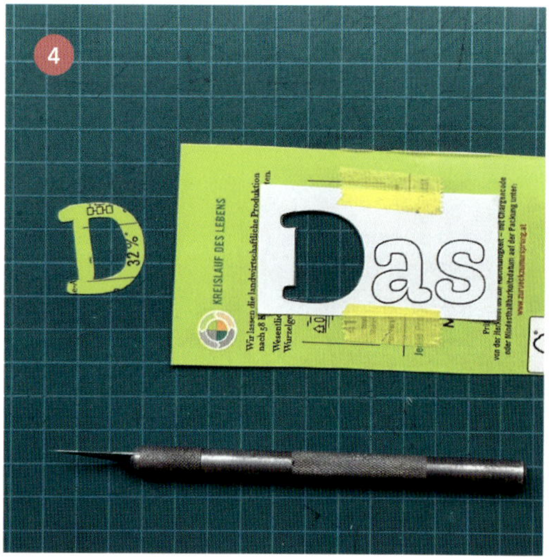

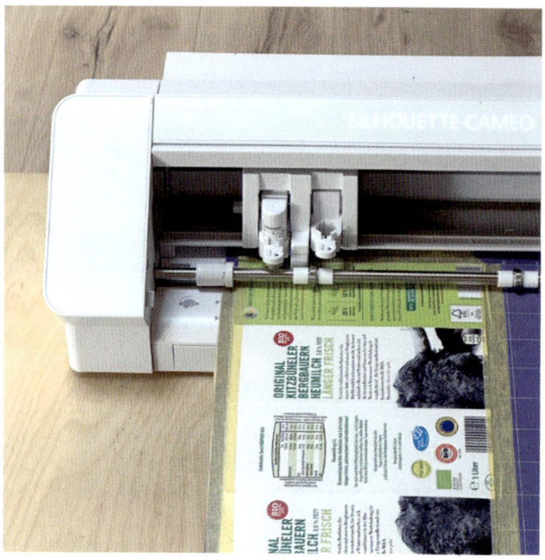

Tipp:
Besonders präzise lassen sich Lettern mit einem Schneideplotter ausschneiden.

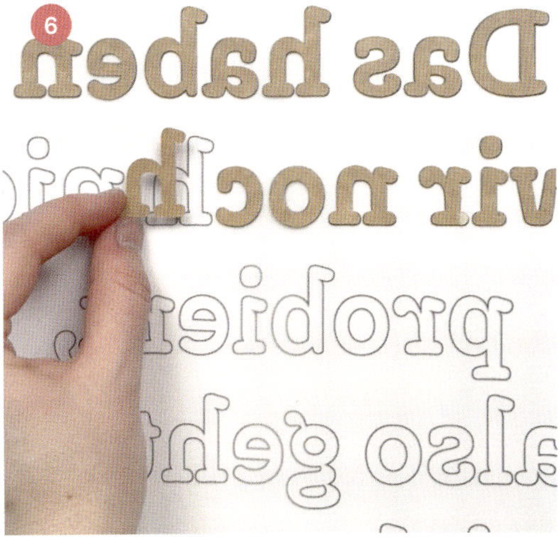

DIE DRUCKPLATTE ERSTELLEN

5. Legen Sie eine Overheadfolie auf das Blatt mit dem spiegelverkehrt ausgedruckten Text. Er dient als Vorlage für die präzise Anordnung der ausgeschnittenen Lettern.

6. Kleben Sie die Buchstaben spiegelverkehrt auf. Den Klebstoff hierfür auf die bedruckte Seite des Milchkartons auftragen.

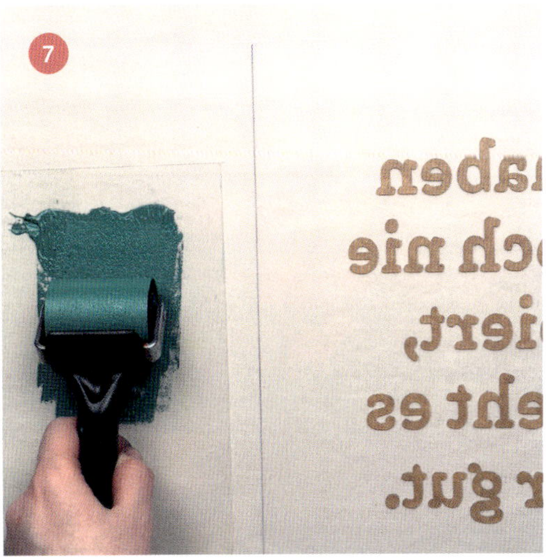

DIE PLATTE EINFÄRBEN UND DRUCKEN

Tragen Sie die Farbe auf, wie auf Seite 56 für das Hochdruckverfahren beschrieben. Anders als dabei wird für den Milchkarton-Letterpress jedoch die Verwendung von schwerem Papier und einer Druckpresse empfohlen, um die Haptik der traditionellen Letterpress-Drucke zu imitieren, sodass nicht nur die Farbe, sondern auch die Kontur (Prägung) der einzelnen Buchstaben auf das Papier übertragen wird.

7. Färben Sie die Druckplatte ein, reinigen Sie bei Bedarf die Rückwand (Overheadfolie), und fertigen Sie mithilfe der Druckpresse Ihren ersten Druck an.

8. Kontrollieren Sie die Qualität des Abzugs, und lassen Sie ihn trocknen.

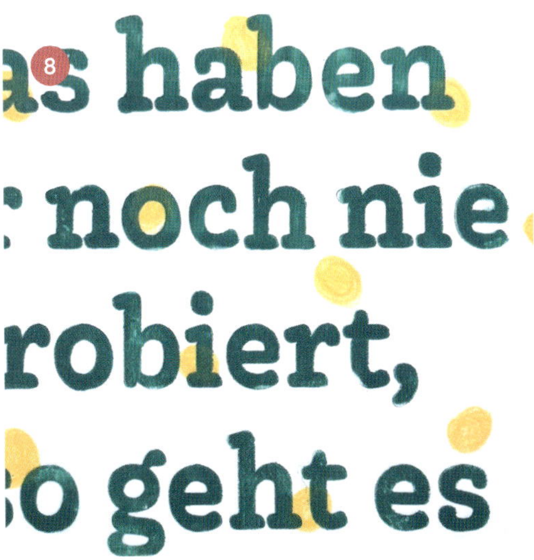

Blindprägung

Die Blindprägung ist eine Spielart des Reliefdrucks, die ohne Druckfarbe auskommt.
Das Motiv wird mit der Radierpresse in schweres Druckpapier geprägt. Die besten Ergebnisse erzielt man, wenn das Papier vorher angefeuchtet wird.

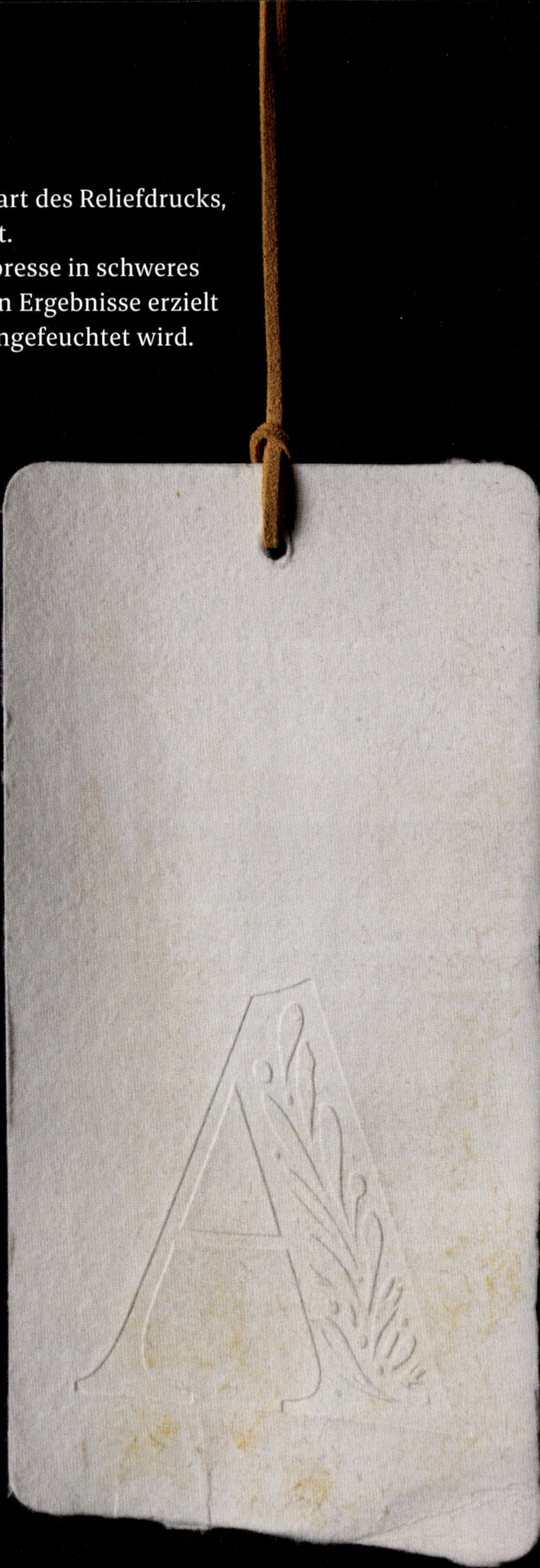

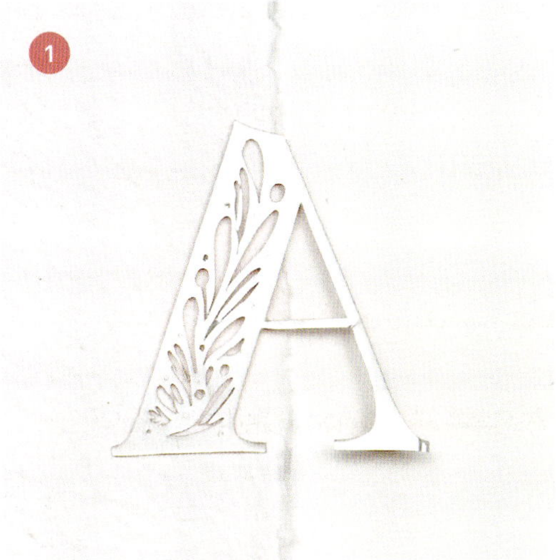

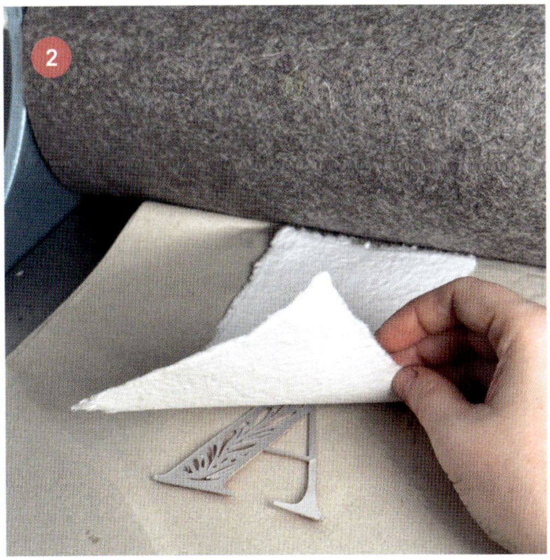

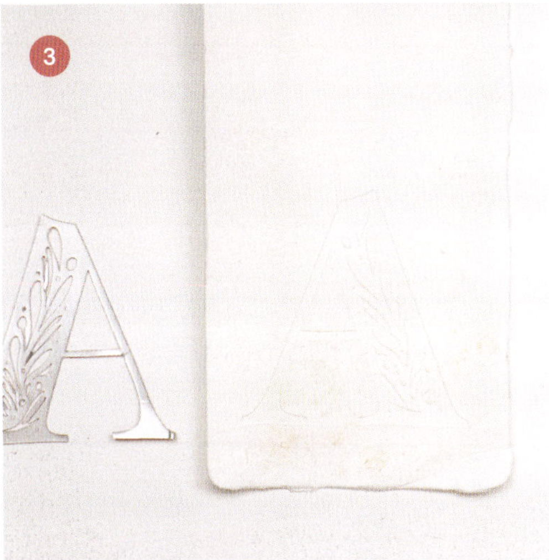

Für die Blindprägung eignen sich glatte Vorlagen ohne Gravuren am besten, denn das Motiv zeichnet sich sehr subtil, fast unsichtbar auf dem Papier ab.

1. Schneiden Sie das gewählte Motiv aus der Druckplatte aus.
   Wenn Sie mögen, können Sie die Platte auf eine Overheadfolie kleben.

2. Legen Sie Graupappe, Packseide, Druckplatte, Druckpapier, Makulaturpapier und Ihre Filzmatte auf den Schlitten, und drehen Sie alles durch die Presse (siehe S. 50, Schritt 1–5).

3. Kontrollieren Sie das Ergebnis, und lassen Sie den Abzug trocknen.

Mehrfarbige Drucke

Es gibt verschiedene Möglichkeiten,
mit der Milchkartontechnik mehrfarbige
Drucke anzufertigen.
Bei manchen Verfahren wird eine einzige
Druckplatte für alle Farben verwendet,
bei anderen benötigt man für jede Farbe
eine separate Platte.
Mit Wachsmalkreiden oder buntem Papier
lassen sich interessante Effekte erzielen.

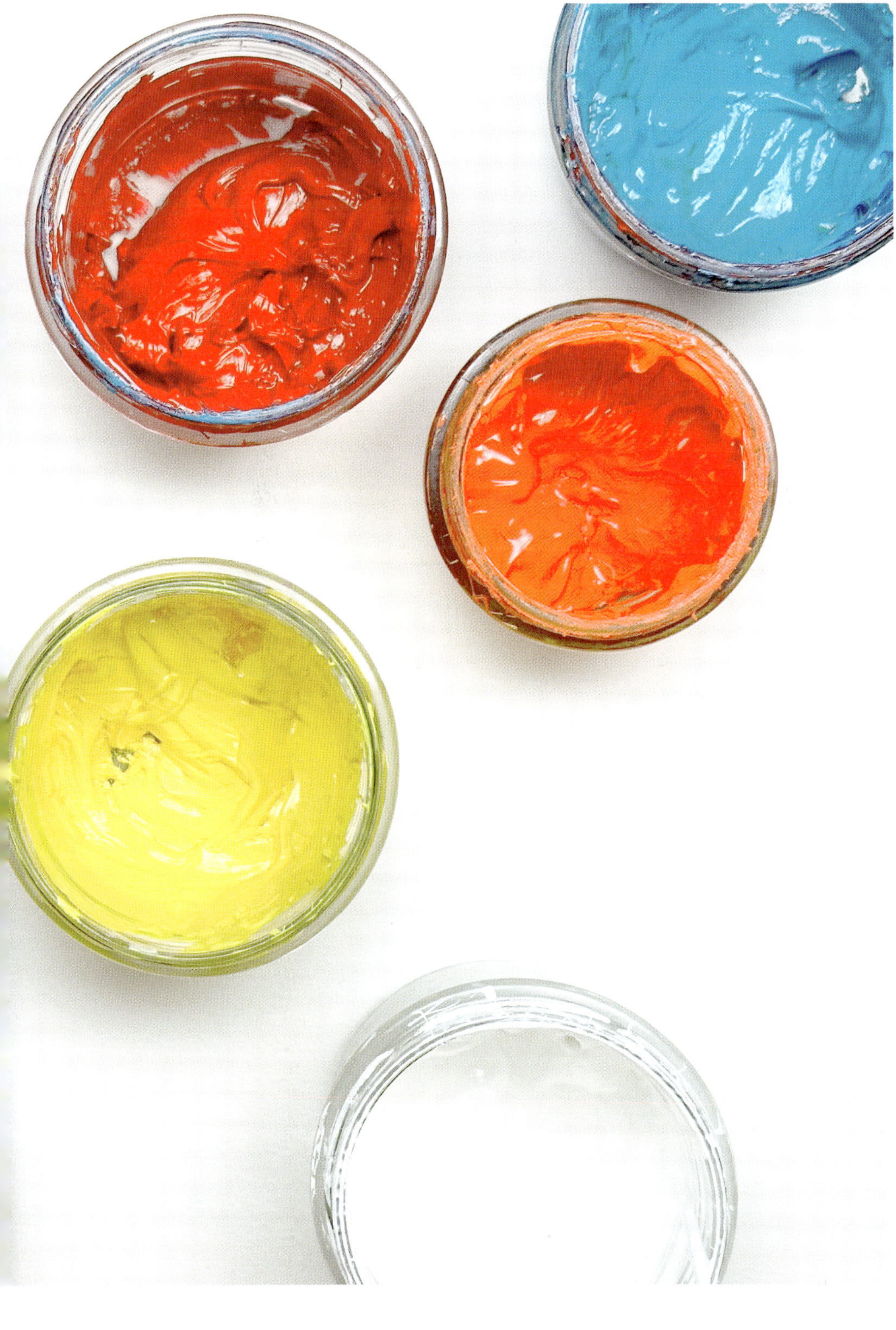

Puzzledruck

Beim Puzzledruck wird die Druckplatte in mehrere Teile geschnitten, die in unterschiedlichen Farben eingefärbt und dann wie ein Puzzle wieder zusammengesetzt werden. Der Puzzledruck eignet sich sowohl für die Tiefdruck- als auch für die Hochdrucktechnik.

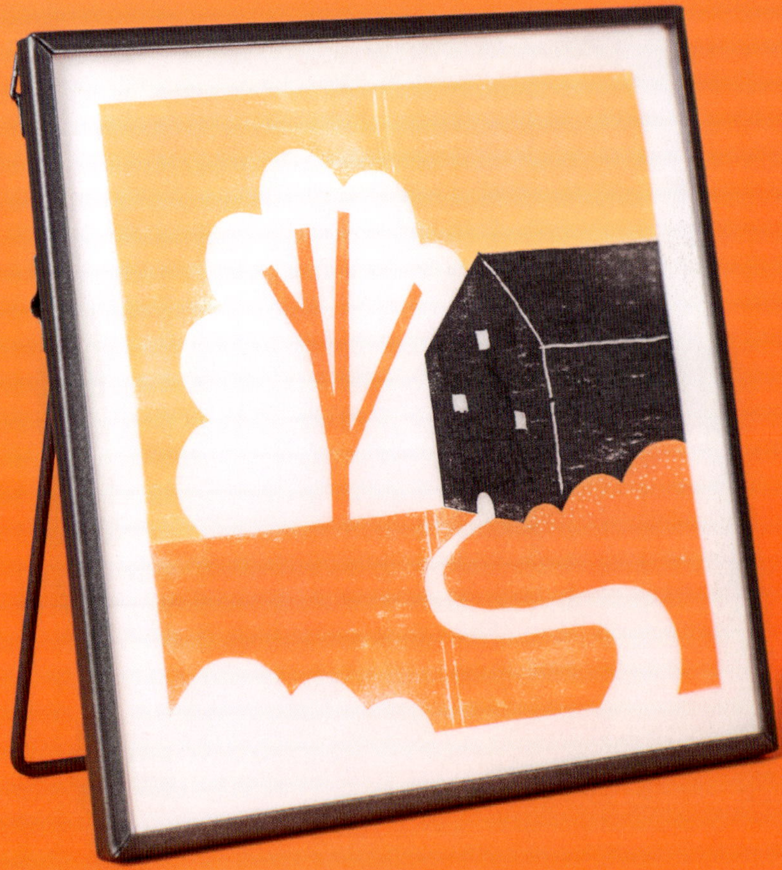

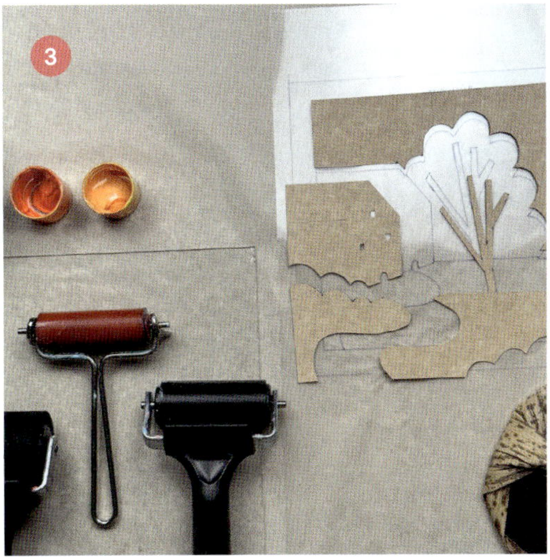

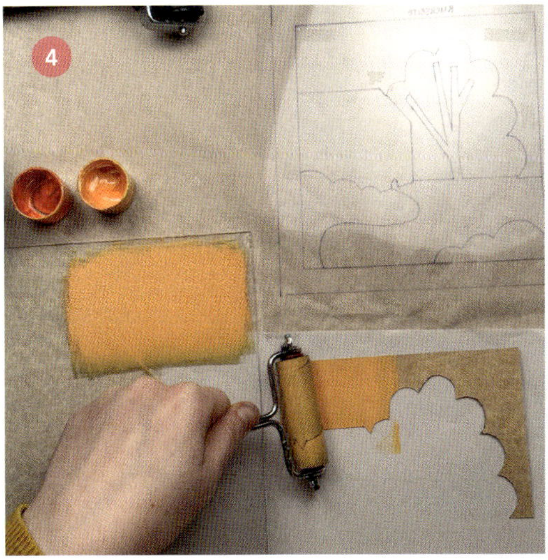

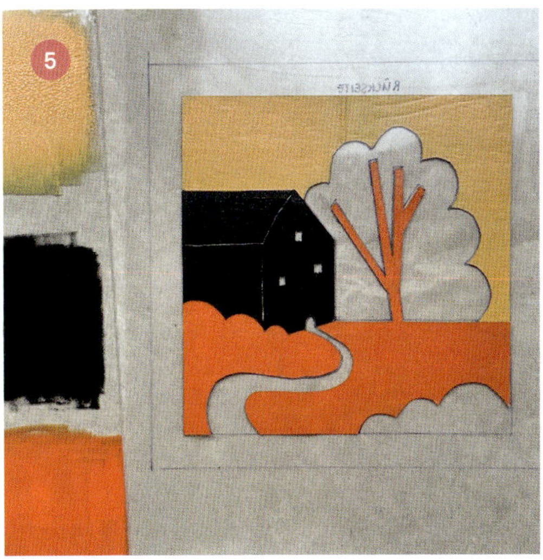

1. Zeichnen Sie das gewählte Motiv auf die Druckplatte, und schneiden Sie die Druckplatte zu.

2. Übertragen Sie den Umriss der Druckplatte auf eine Overheadfolie, die Sie später als Unterlage verwenden können.

3. Schneiden Sie mit einer Schere oder einem Skalpell die einzelnen Puzzleteile aus der Druckplatte aus: ein Teil für jede Farbe, die Sie verwenden möchten. Zeichnen Sie die Konturen der Puzzleteile auf die Overheadfolie, damit Sie zum Drucken alles richtig platzieren können.

4. Tragen Sie die Druckfarben auf – eine pro Puzzleteil –, je nach Druckverfahren in die Ritzen oder auf die erhabenen Teile der Platte, wie in den entsprechenden Abschnitten (siehe S. 48 und 56) beschrieben.

5. Setzen Sie das Puzzle anhand Ihrer Vorlage wieder zusammen.

6. Fertigen Sie einen Abzug an.

Farbverlauf

Um einen Farbverlauf zu erzeugen, muss die Farbwalze mit mindestens zwei Farben eingefärbt werden. Diese Technik eignet sich nur für den Hochdruck. Die Farbwalze muss mindestens so breit wie die Druckplatte sein, sodass diese in einem Zug eingefärbt werden kann.

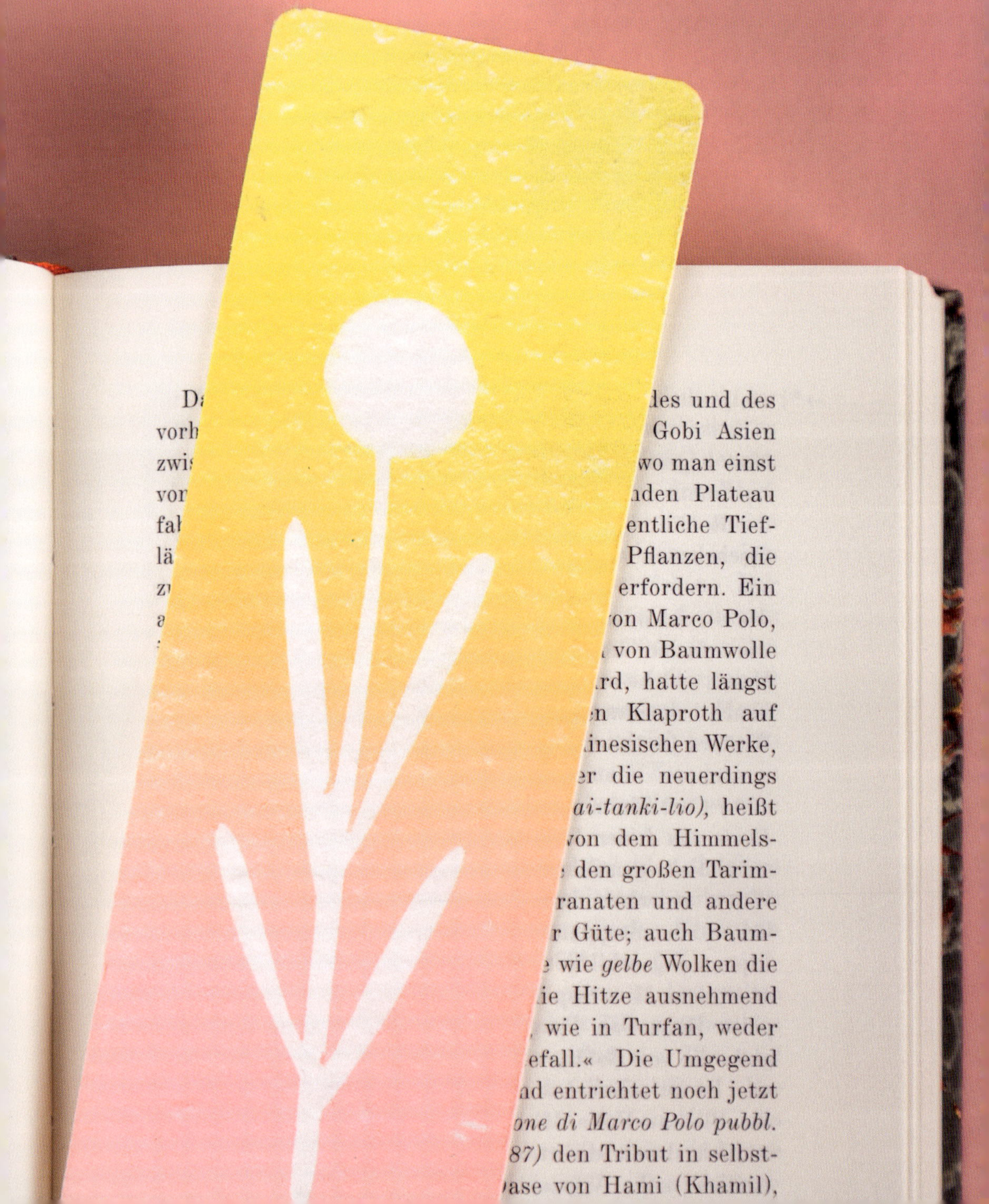

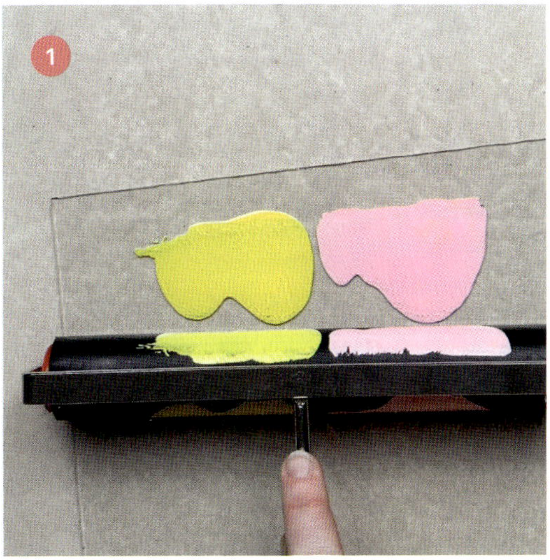

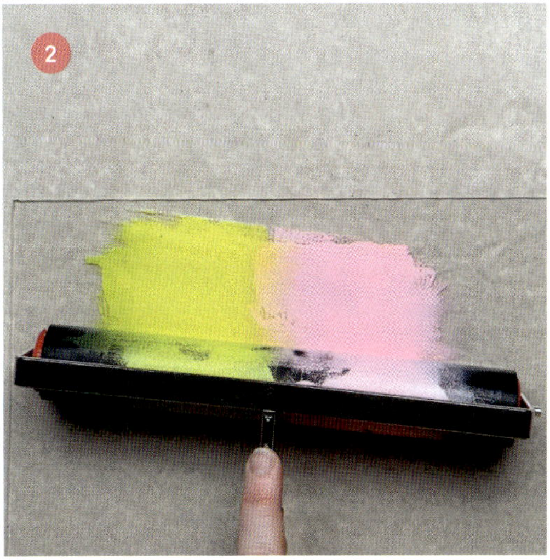

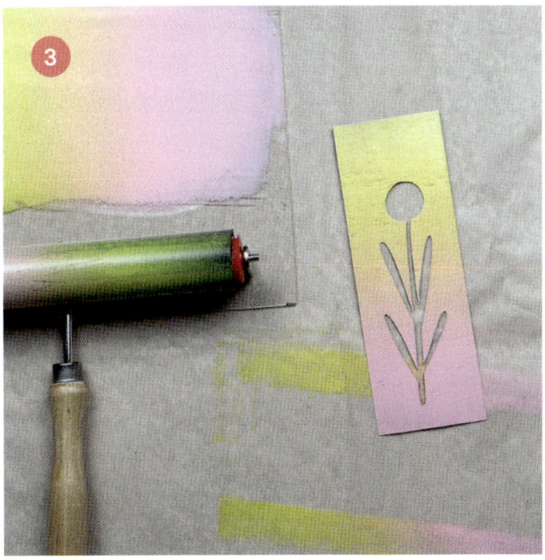

1. Geben Sie zwei oder mehr Farbkleckse mit etwas Abstand zueinander auf eine Glasplatte.

2. Rollen Sie die Walze in gerader Linie vor und zurück, bis sich die Farben treffen und an der Kontaktstelle miteinander vermischen.
Noch etwas fortfahren, um weiche Übergänge und einen gleichmäßigen Farbverlauf zu erzielen.

3. Walzen Sie die Farbe auf die Druckplatte, und fertigen Sie einen Abzug an.

À la poupée

«À la poupée» (französisch: «mit der Puppe») ist eine Technik, bei der die Druckfarbe mit einem weichen Tupfer direkt auf eine Tiefdruckplatte aufgetragen wird.

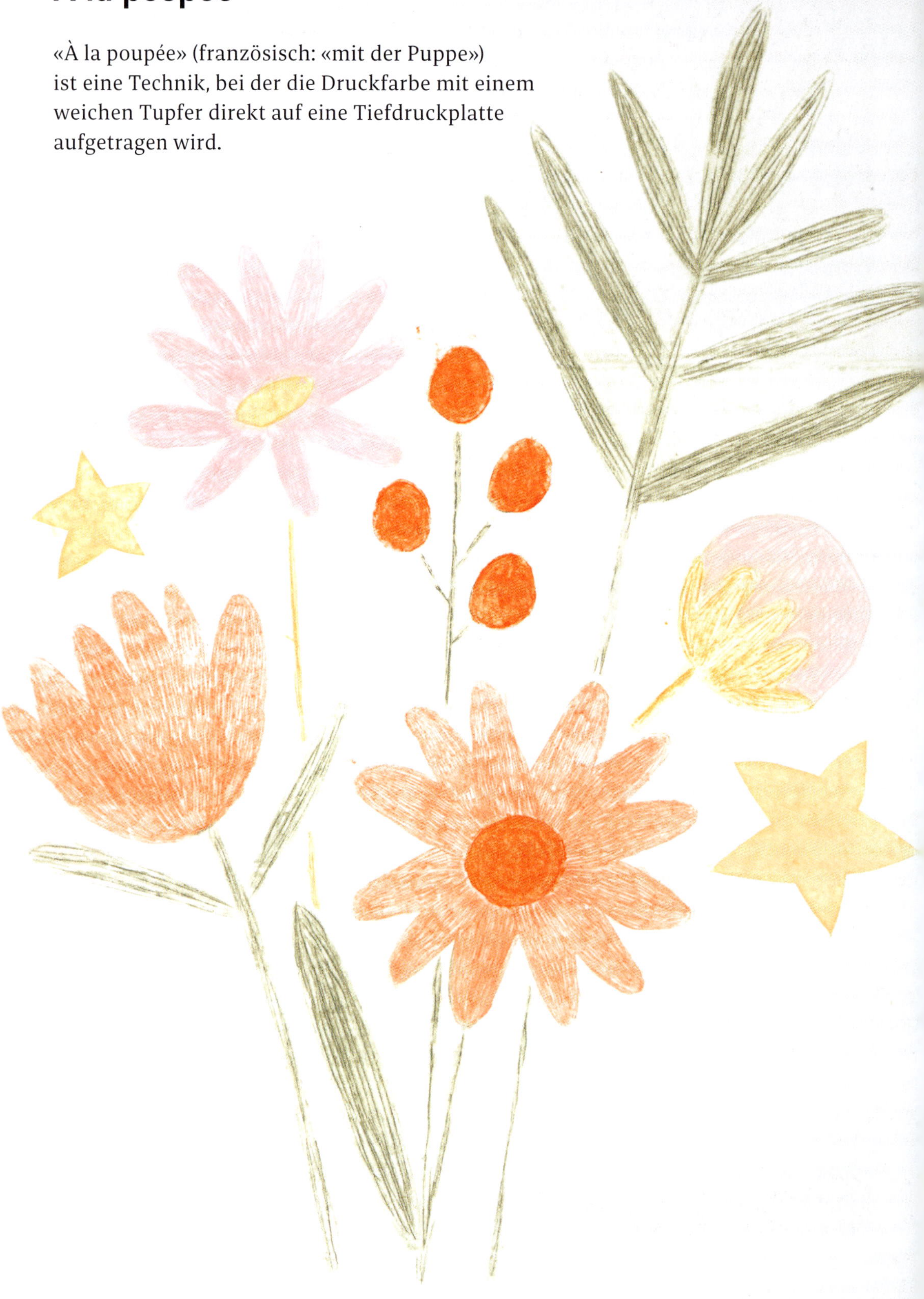

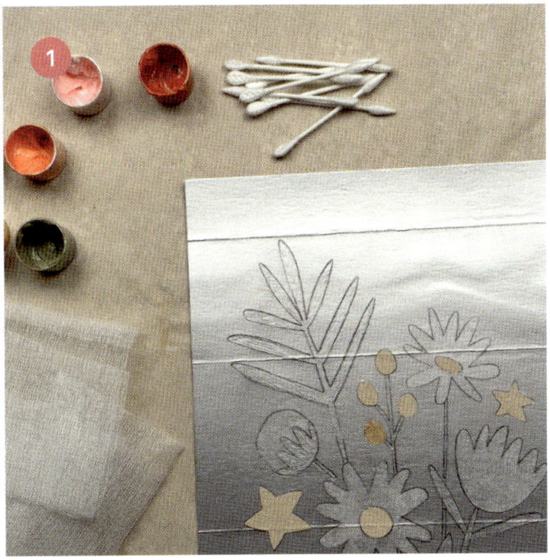

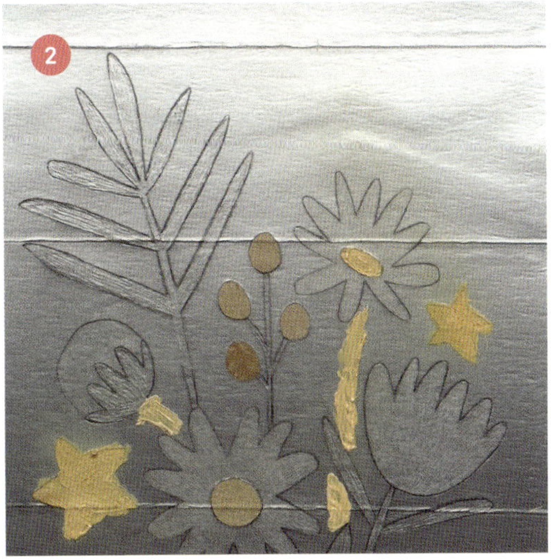

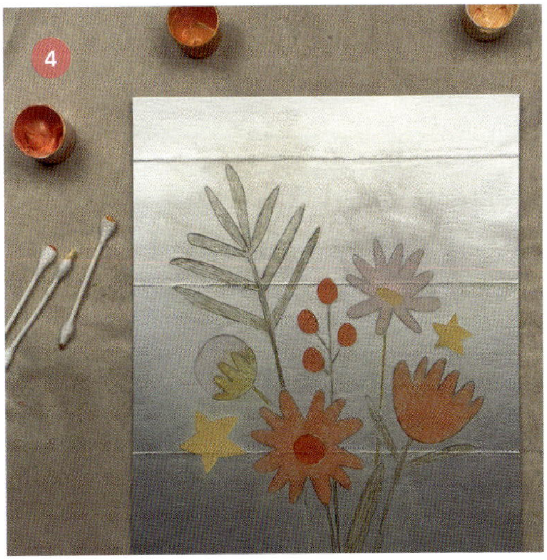

Auf diese Weise lassen sich verschiedene Farbnuancen erzeugen, die dem Druckbild eine besondere Tiefe und Lebendigkeit verleihen.

1. Bereiten Sie alle Farben vor, die Sie verwenden möchten.

2. Tragen Sie die erste Druckfarbe mithilfe eines Wattestäbchens oder Tupfers auf alle für sie reservierten Stellen der Druckplatte auf.

3. Entfernen Sie die überschüssige Farbe von der Druckplatte (siehe S. 48, Schritt 3–7).

4. Tragen Sie die restlichen Farben auf die gleiche Weise auf.
   Zum Abwischen für jede Farbe ein sauberes Stück Stoff verwenden.
   Sie werden sehen, dass sich die Farben dennoch leicht miteinander vermischen, sodass am Ende eher weiche Farbübergänge als harte Ränder entstehen.

5. Fertigen Sie einen Abzug an.

Chine collé

Bei der Chine-collé-Technik wird ein Stück dünnes einfarbiges oder gemustertes Papier auf die Druckplatte gelegt und beim Drucken auf das Druckpapier geklebt.
Der Abzug erhält so mehr Textur. Experimentieren Sie mit verschiedenen Papieren, z. B. selbst bemalten Bogen oder Seiten aus alten Büchern oder Zeitschriften.

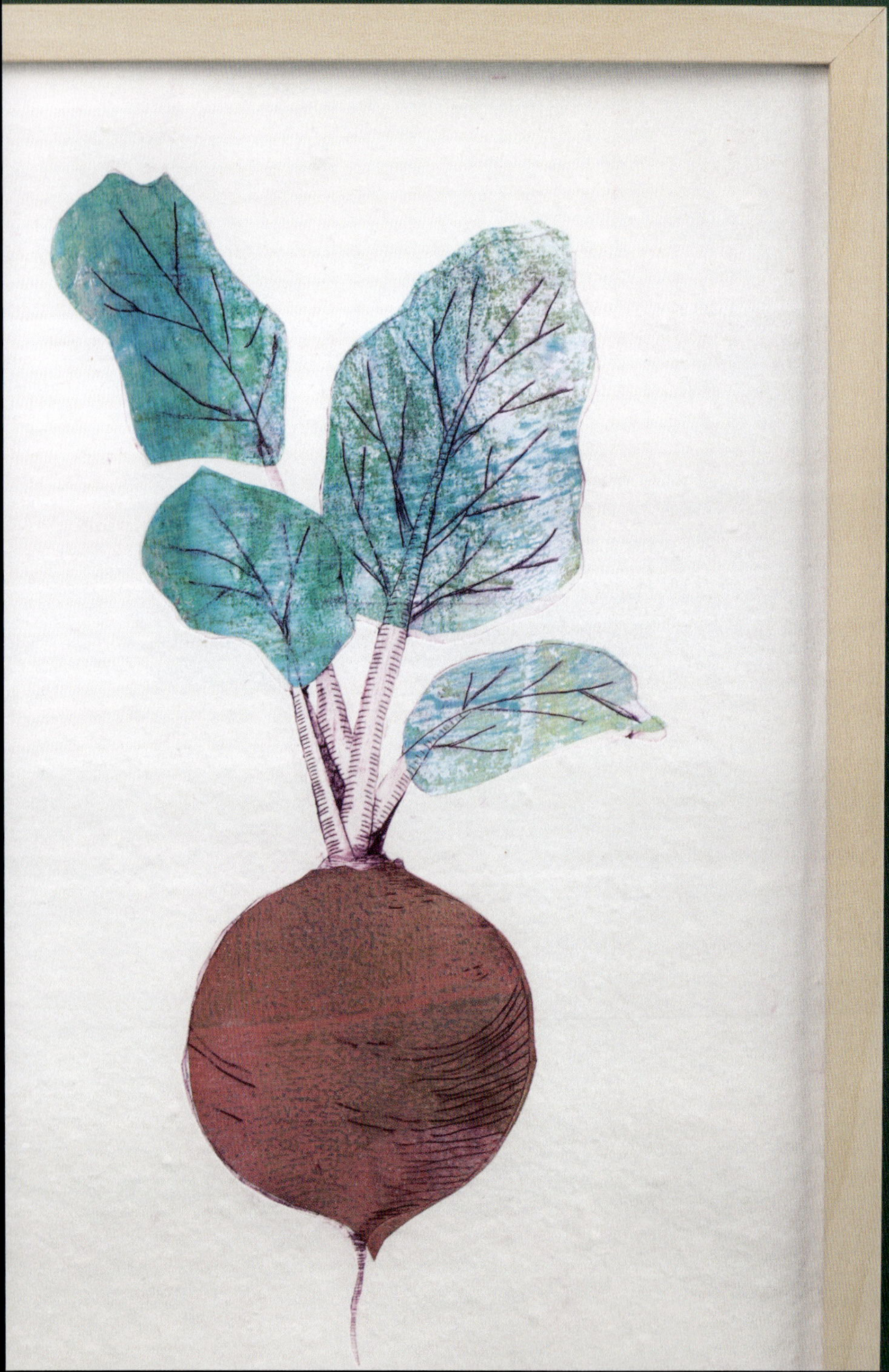

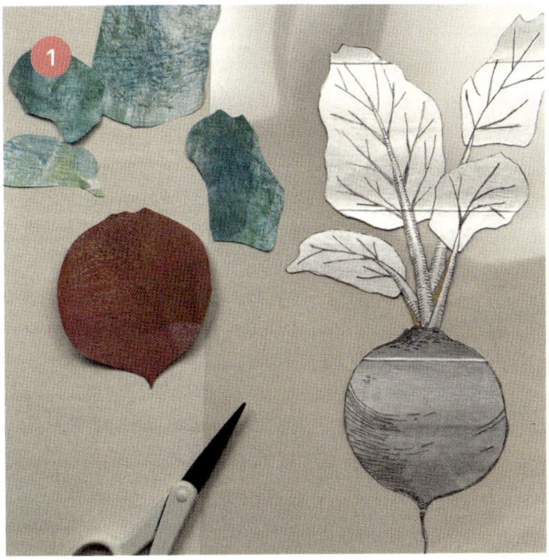

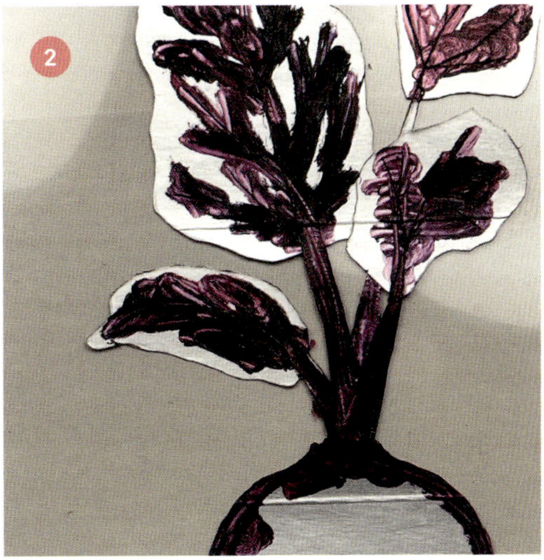

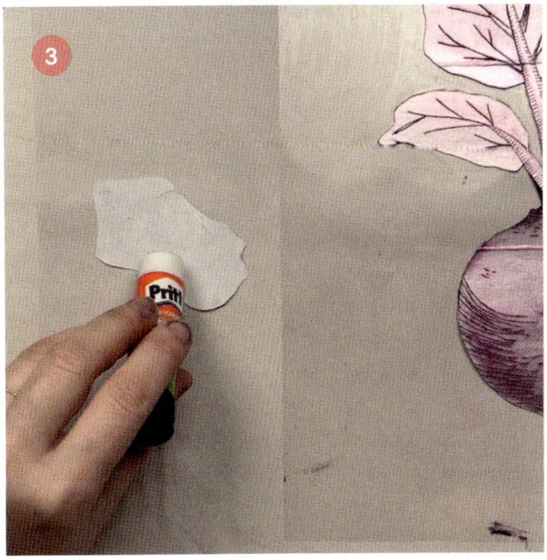

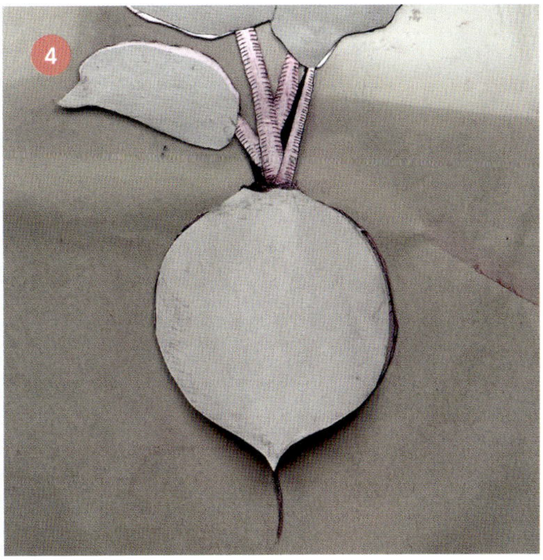

1. Schneiden Sie das Chine-collé-Papier auf die gewünschte Form zu.

2. Tragen Sie Farbe auf die Platte auf.

3. Bringen Sie eine hauchdünne Schicht Klebstoff auf der Rückseite des Chine-collé-Papiers auf. Traditionell wird hierfür Kleister oder Reispaste verwendet, aber Sie können auch einen Klebestift benutzen.

4. Drehen Sie das Chine-collé-Papier um, und legen Sie es auf die dafür reservierte Stelle der Druckplatte.

Wichtig:
Die mit Klebstoff bestrichene Seite weist nach oben; andernfalls würde das Papier mit der Druckplatte statt mit dem Druckpapier verkleben.

5. Fertigen Sie einen Abzug an.

Die Druckplatte anmalen

Auch mit wasserlöslichen Wachsmalstiften lassen sich Drucke auf lebendige Weise farbig gestalten. Die Farbe wird direkt auf die Druckplatte aufgebracht.

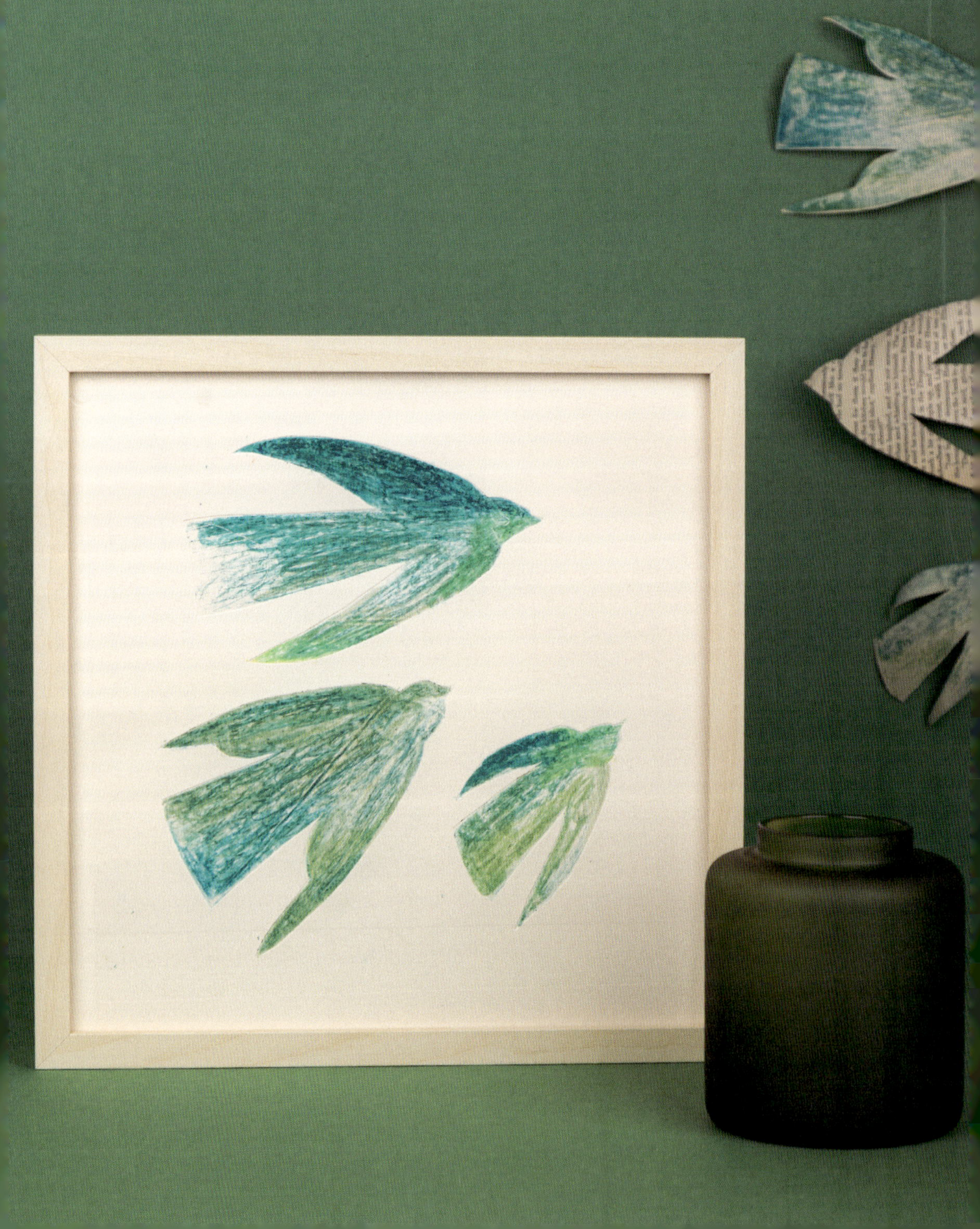

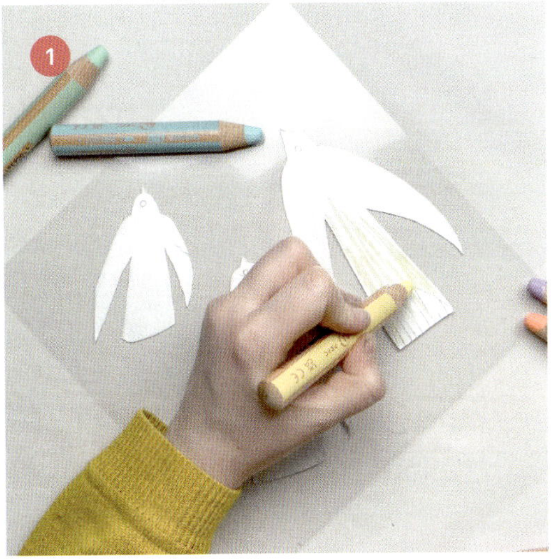

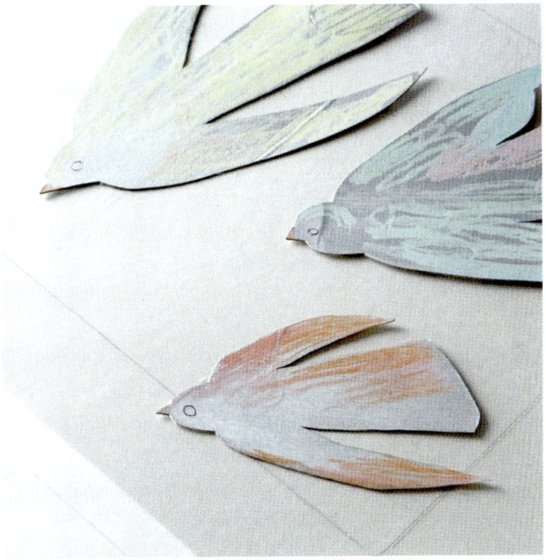

1. Zeichnen oder malen Sie mit bunten Wachsmalstiften nach Belieben auf farbfreie oder eingefärbte Bereiche einer bereits gewischten Tiefdruckplatte.
2. Fertigen Sie einen Abzug an.

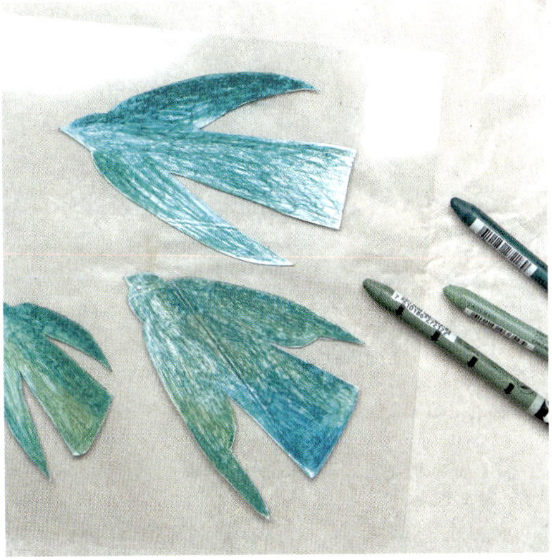

Die Wachsmalfarbe lässt sich mit einem feuchten Tuch leicht wieder abwischen, sodass Sie mit einer Platte mehrere Abzüge in verschiedenen Farben anfertigen können.

Farbauszug

Bei diesem Verfahren wird für jede Farbe eine eigene Druckplatte hergestellt und dann eine Farbe nach der anderen gedruckt. Legt man zwei Farben übereinander, entsteht eine Mischfarbe.

Voraussetzung für einen gelungenen Druck ist die richtige und genaue Platzierung der einzelnen Druckplatten.

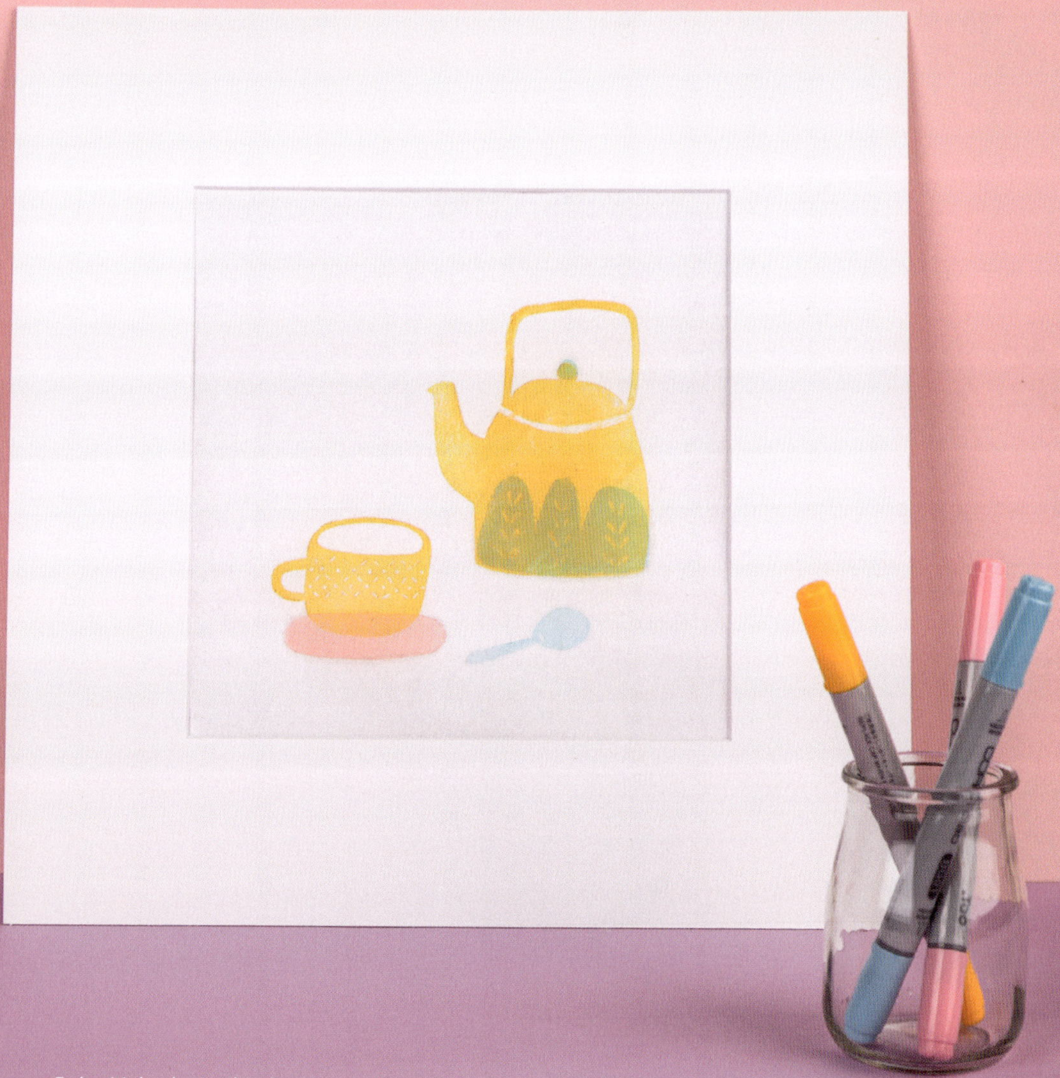

Beim Mehrplattendruck müssen die einzelnen Platten mithilfe von Ausrichtungshilfen (Passern) exakt platziert werden.

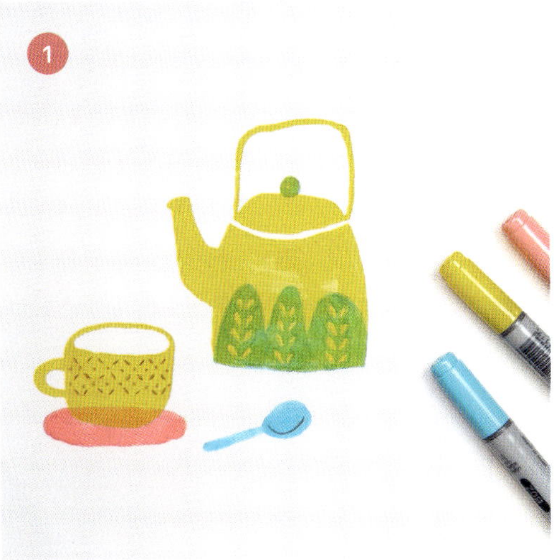

1. Fertigen Sie eine Zeichnung von Ihrem Motiv an, und kolorieren Sie es in den vorgesehenen Farben. Das erleichtert die Aufteilung der Druckplatte(n).

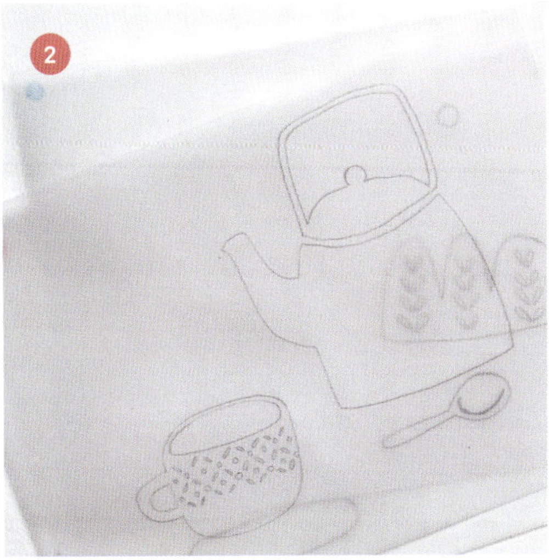

2. Übertragen Sie die Motivteile nach Farben getrennt auf mehrere Blätter Transparentpapier. Pro Farbe benötigen Sie ein Blatt. Die Motivteile für jede Farbe auf jeweils eigene Druckplatten übertragen.

3. Kleben Sie jede Druckplatte auf eine eigene Overheadfolie, und zeichnen Sie den Umriss des Druckpapiers ein. Verwenden Sie die Transparentpapiere als Ausrichtungshilfen für die genaue Positionierung der Platten.

4. Färben Sie die erste Platte ein, und drucken Sie die erste Schicht. Achten Sie darauf, Platte und Druckpapier genau an den Markierungen der Overheadfolie auszurichten.

5. Wiederholen Sie Schritt 4 mit allen restlichen Platten.

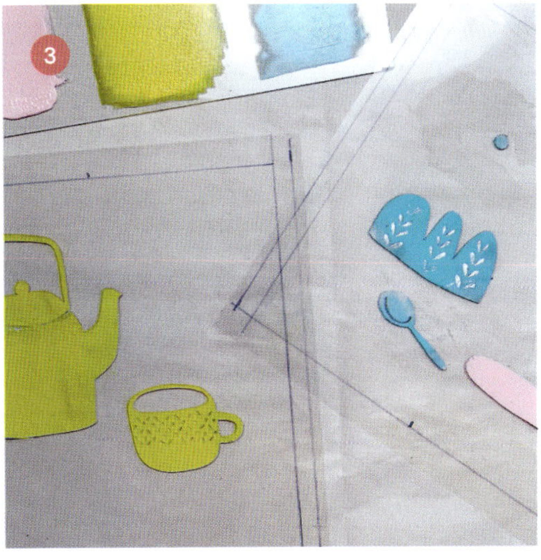

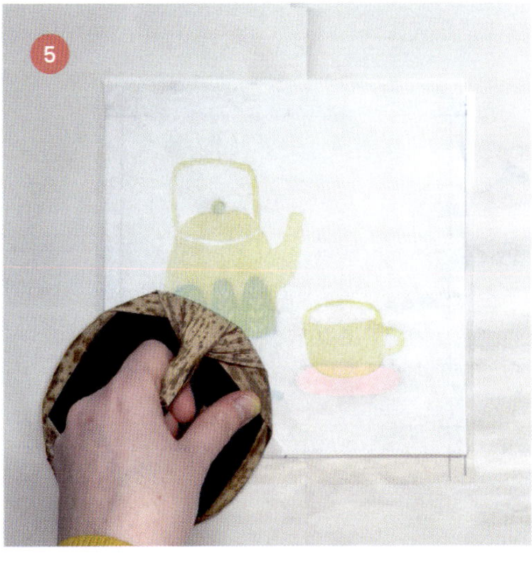

Nach dem Druck ist vor dem Druck

Der Abzug ist fertig, die Farbe gerade erst getrocknet. Genießen Sie den Moment, atmen Sie durch, und freuen Sie sich an Ihrem Werk.

Prüfen Sie nach jedem Druckvorgang die Qualität des Abzugs. Wenn Sie schon auf den ersten Blick technische Mängel feststellen, versuchen Sie die Fehlerquelle zu finden und den/die Fehler zu beheben. Im Kapitel «Troubleshooting» finden Sie mögliche Lösungen für die häufigsten Probleme, die beim Drucken entstehen können.

Wenn Sie nur halbwegs überzeugt vom Druckergebnis sind, lassen Sie den Abzug ein paar Tage liegen, und betrachten Sie ihn dann noch einmal – vielleicht gefällt er Ihnen jetzt besser. Wenn nicht, lassen Sie sich nicht entmutigen. Bewerten Sie den «Fehldruck» als wertvolle Lernerfahrung, und beginnen Sie – nun um einiges klüger – einfach von vorn.

Gelungene Drucke können nun weiter veredelt und bearbeitet werden. Darum und um die abschließenden Arbeiten – vom Nummerieren und Signieren der fertigen Abzüge bis zur Präsentation – geht es im folgenden Teil dieses Buchs.

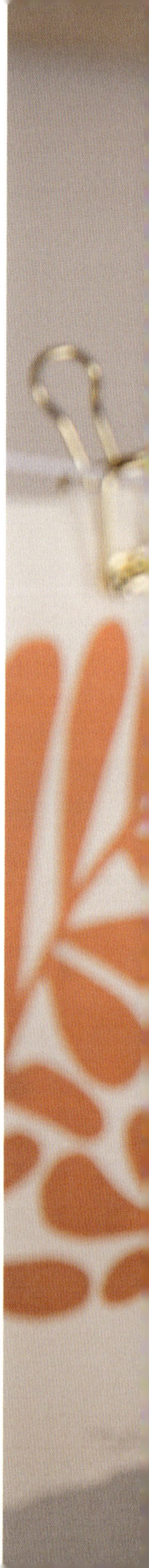

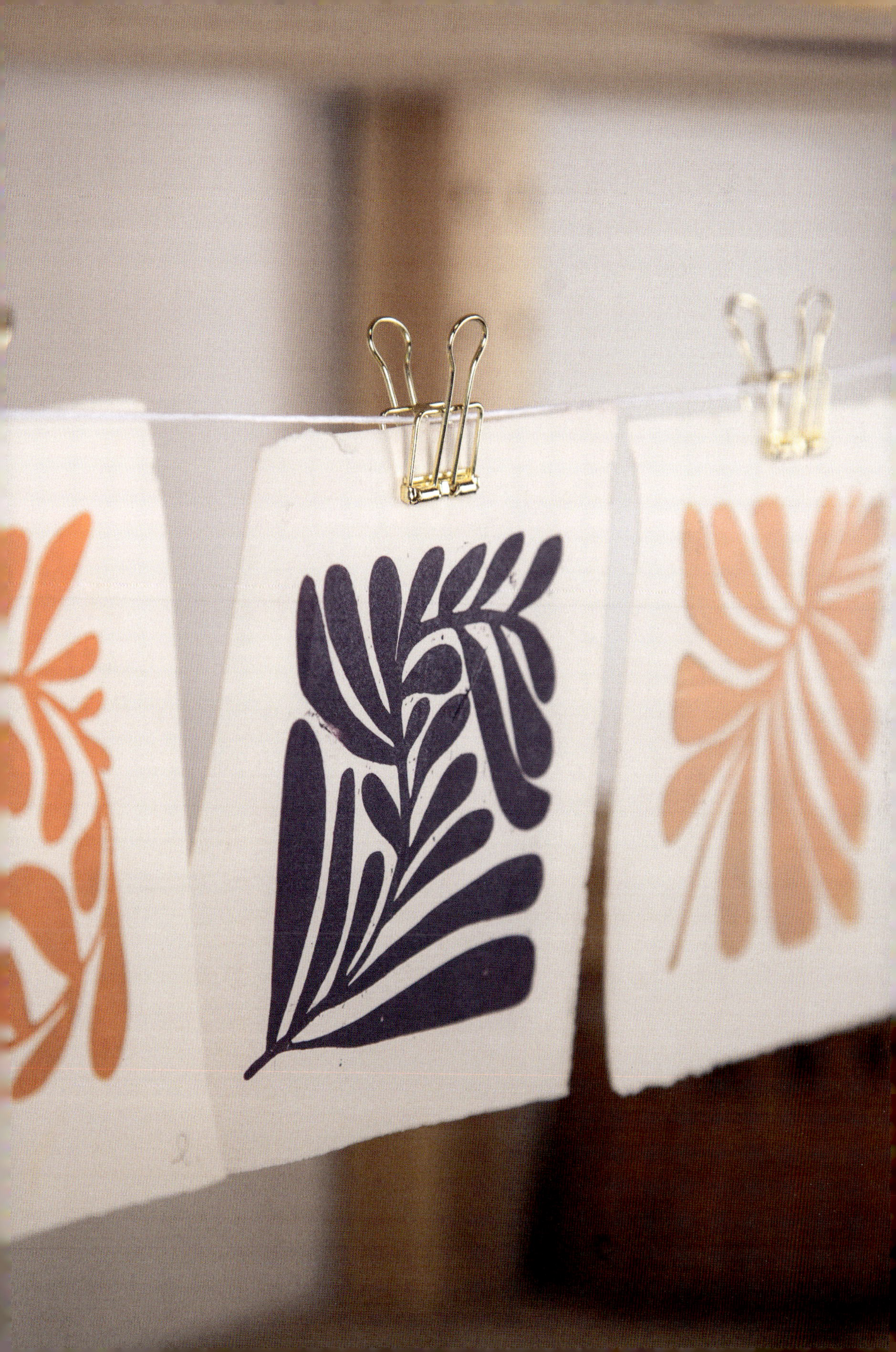

Veredelung fertiger Drucke

Einfarbige Drucke lassen sich nach dem Trocknen auf unterschiedliche Weise veredeln.

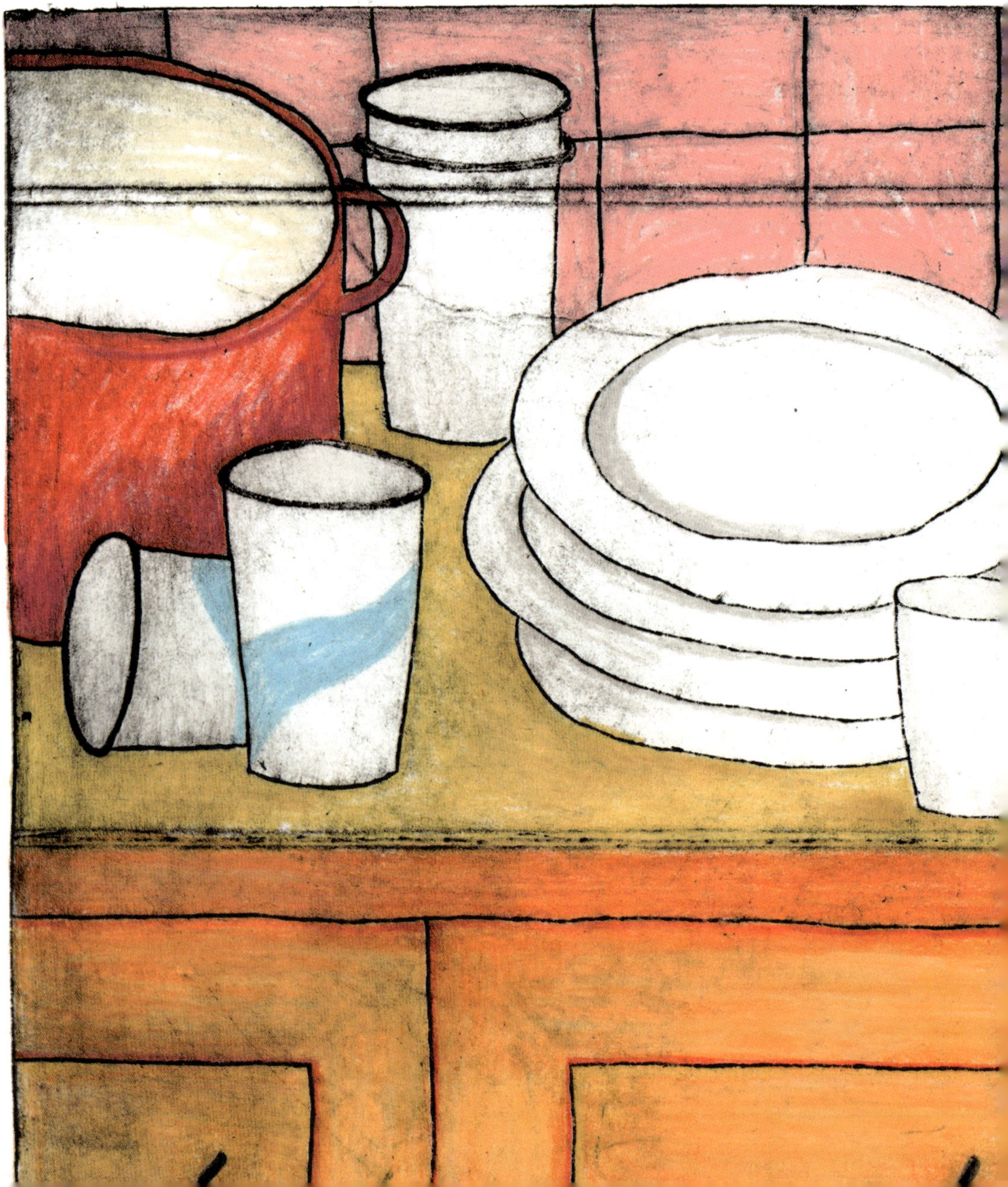

DEN ABZUG ANMALEN

Wenn die Druckfarbe vollständig getrocknet ist, können Sie den Abzug z. B. mit Wasserfarben, Buntstiften oder Markern bunt anmalen.

Es empfiehlt sich, das Verhalten der gewählten Farben zunächst auf Resten des Druckpapiers zu testen. So können Sie sehen, ob das Ergebnis Ihnen zusagt, bevor Sie mit der Veredelung des Drucks beginnen.

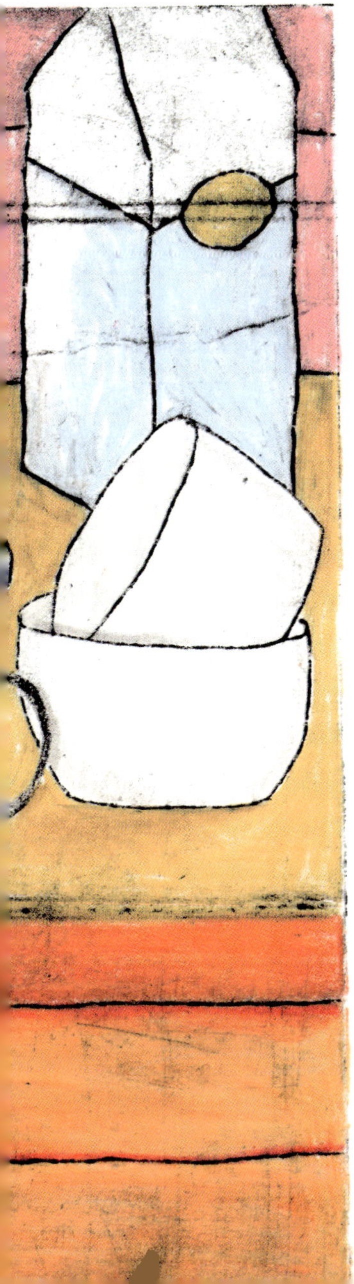

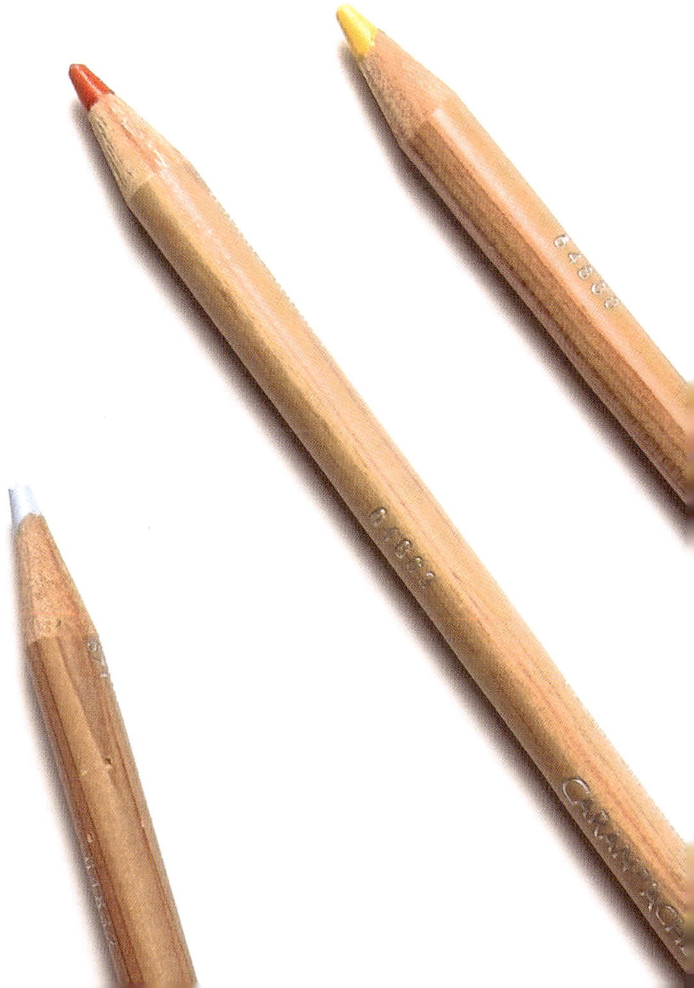

VERGOLDUNG

Die Vergoldung ist eine dekorative Technik, bei der eine dünne Schicht Blattgold auf einen Untergrund aufgetragen wird, um ein glänzendes, metallisches Finish zu erzielen.

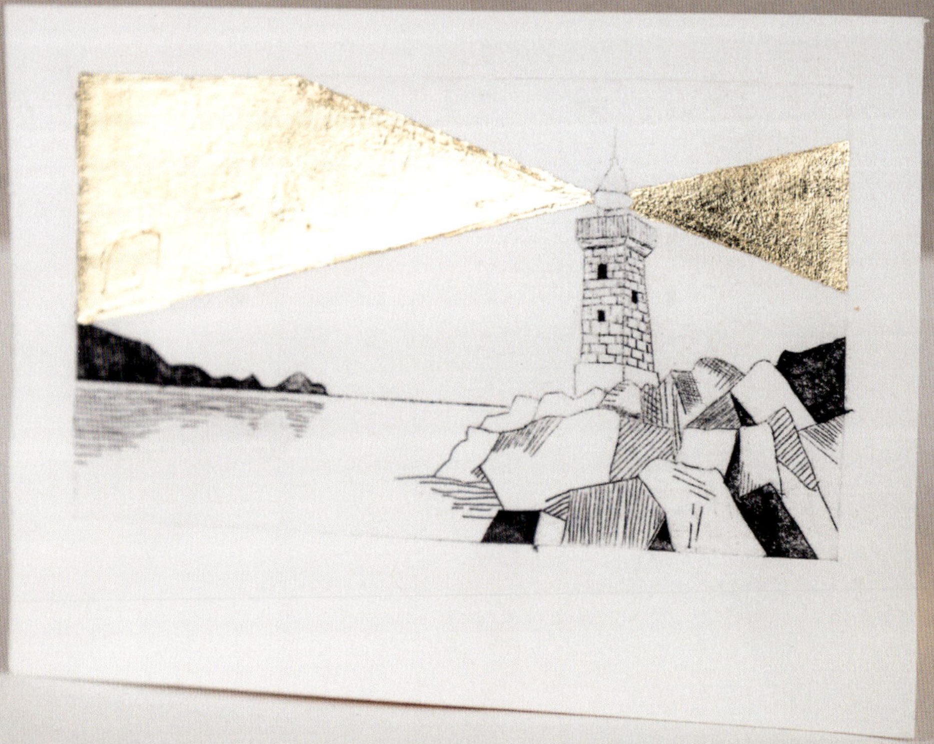

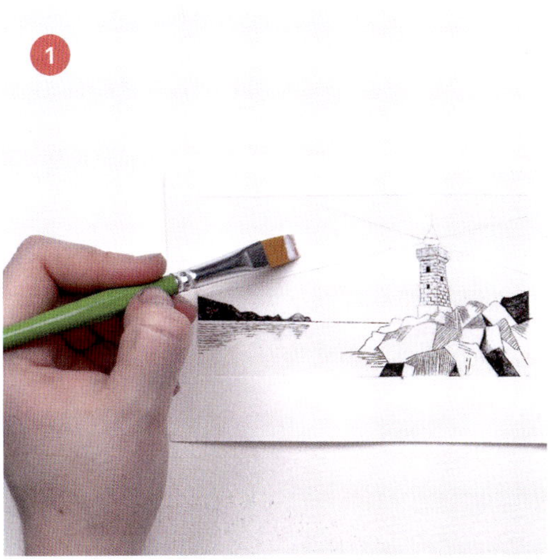

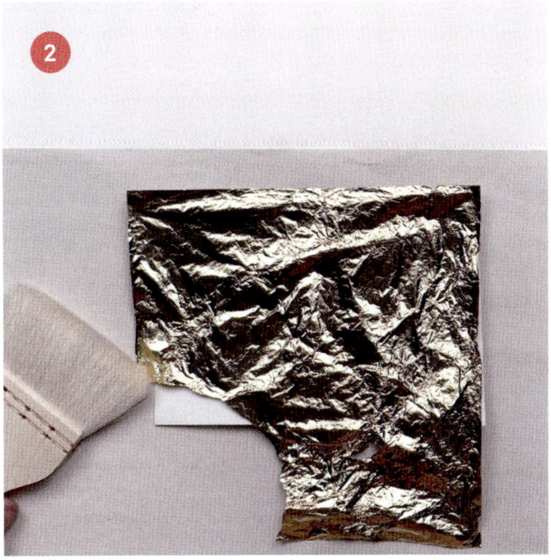

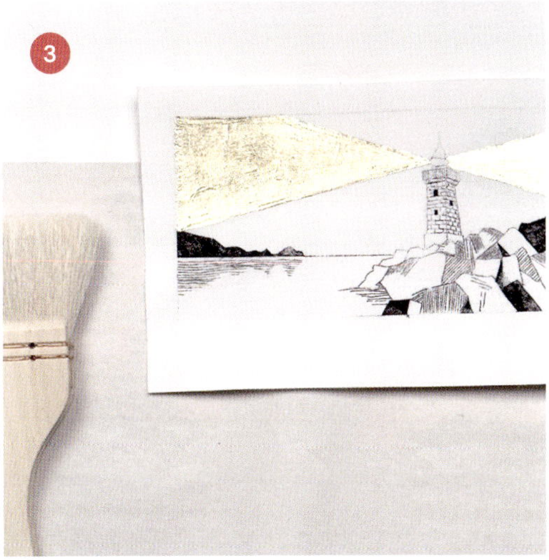

1. Tragen Sie mit einem Pinsel eine dünne Schicht Klebstoff auf die zu vergoldenden Stellen auf. Warten Sie, bis der Klebstoff vollständig getrocknet ist, bevor Sie fortfahren.

2. Nehmen Sie das Blattgold mit einem sauberen, weichen Flachpinsel auf, den Sie vorher über den Arm gestrichen haben, um ihn elektrostatisch aufzuladen – so haftet das Blattgold daran.
   Legen Sie das Blattgold vorsichtig auf die mit Klebstoff versehenen Stellen.

3. Überschüssiges Blattgold mit dem Pinsel entfernen.

4. Wenn das Blattgold knittert, können Sie es nach einigen Stunden vorsichtig mit einem glatten Gegenstand polieren.

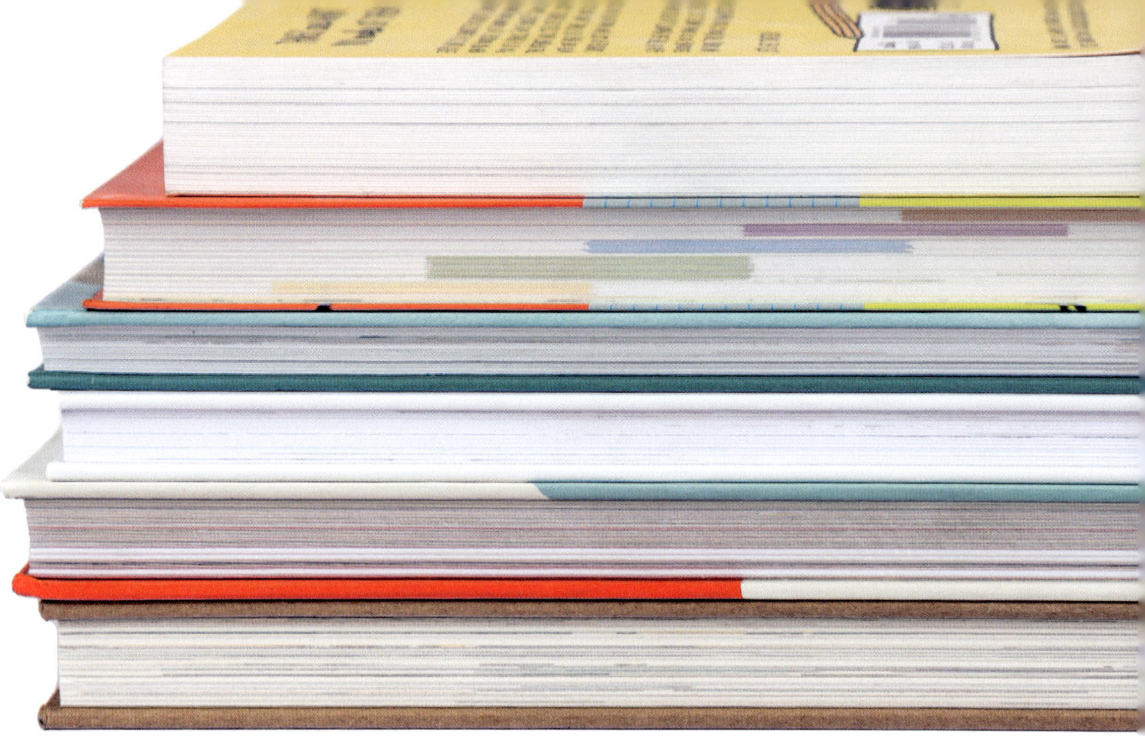

Drucke trocknen und aufbewahren

Wenn Sie das Papier zum Drucken angefeuchtet haben, legen Sie den fertigen Abzug zwischen zwei Bogen Packseide oder Löschpapier und lassen ihn über Nacht unter einem Bücherstapel oder in einer Buchpresse trocknen, damit er sich nicht wölbt.

Abzüge auf dünnerem Papier können Sie auch auf ein Trockengestell oder an eine Wäscheleine hängen. Wenn Sie die Drucke mit Wäscheklammern oder anderen Klammern fixieren, schützen Sie das Papier mit gefaltetem Karton vor unerwünschten Abdrücken.

Es kann einige Tage oder Wochen dauern, bis die Druckfarbe vollständig getrocknet ist. Lagern Sie die fertigen Abzüge flach, jeweils mit einem Blatt Packseide oder Makulaturpapier abgedeckt, an einem Ort ohne direkten Lichteinfall.

Werkzeugpflege

Wer lange Freude an seinen Druckwerkzeugen und -materialien haben möchte, sollte sie nach jedem Gebrauch gründlich reinigen. So können Farbreste nicht eintrocknen oder sich überall verteilen.

Zum Entfernen kleiner Flecken und zum Reinigen von Werkzeugen sind Feuchttücher eine gute Wahl.

Wasserlösliche Druckfarben auf Ölbasis lassen sich mit Wasser und Seife abwaschen. Zum Entfernen konventioneller Druckfarbe auf Ölbasis empfehle ich Pflanzenöl.

Wenn Sie die Druckplatte nach Beendigung eines Projekts aufheben möchten, wischen Sie sie mit einem Feuchttuch gründlich sauber, und bewahren Sie sie zwischen zwei Bogen Packseide in einer Plastikhülle auf.

Auflagen

Das Gute am Drucken ist, dass Sie mit wenig Aufwand mehrere Abzüge desselben Motivs herstellen können. Die Entscheidung, ob Sie eine Druckplatte nur einmal oder mehrmals verwenden möchten, liegt bei Ihnen.

Werden mehrere Abzüge von einem Motiv angefertigt, spricht man von einer «Auflage». Ist die Auflage limitiert, wird nur eine bestimmte, vorher festgelegte Anzahl von Abzügen gedruckt. Bei einer unlimitierten Auflage hingegen können beliebig viele Abzüge hergestellt werden.

Allerdings setzt die Drucktechnik hier gewisse Grenzen. Beim Milchkartondruck sind keine großen Auflagen möglich, weil die Platten schnell verschleißen und die Qualität der Abzüge mit jedem Druckvorgang nachlässt.

Generell gilt: Je kleiner die Auflage, desto wertvoller der Druck und desto höher der Preis.

ABZÜGE SIGNIEREN UND NUMMERIEREN

Professionelle Druckgrafiker:innen signieren und nummerieren die Abzüge ihrer Auflagen. Dadurch weisen sie sich nicht nur als Urheber:innen ihrer Werke aus, sondern geben Sammler:innen und potenziellen Käufer:innen auch wichtige Informationen.

Bevor Sie Ihre Abzüge nummerieren und signieren, sortieren Sie Exemplare mit Unregelmäßigkeiten oder Mängeln aus.

— Signieren Sie die restlichen Abzüge mit einem Bleistift rechts unten.

— Nummerieren Sie die Abzüge links unten mit zwei durch einen Schrägstrich getrennten Ziffern: Nummer des Drucks/Höhe der Auflage.

— Wenn das Bild einen Titel hat, schreiben Sie ihn unten in die Mitte.

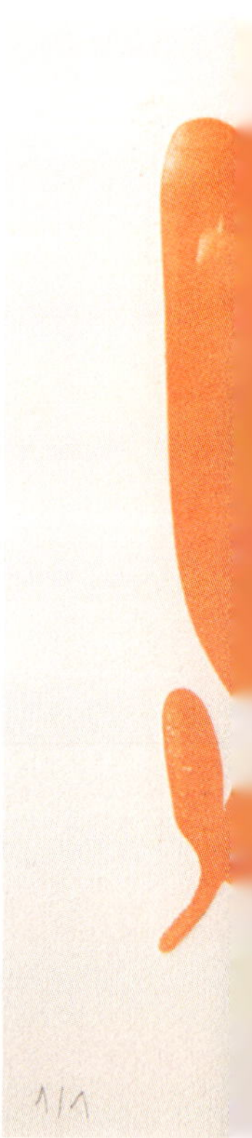

Sonderdrucke werden auf andere Weise gekennzeichnet. Hier die wichtigsten Kürzel:

E.A. (Epreuve d'artiste) oder A.P. (Artist's Proof)	Künstlerdrucke, also Abzüge, die beim Künstler oder der Künstlerin verbleiben. Sie sollten nicht mehr als 10 Prozent der Auflage ausmachen. Bei der Nummerierung der Abzüge werden sie mitgezählt.
T.P. (Trial Proof)	Probedrucke, die während des Projekts entstehen, um die Druckqualität zu kontrollieren. Bei Bedarf können noch Korrekturen an der Druckplatte angebracht werden.
E.V. (Edition variable)	Auflage mit variablem Druckbild. Die Unterschiede entstehen z. B. durch die Verwendung verschiedener Papiersorten oder Farben.

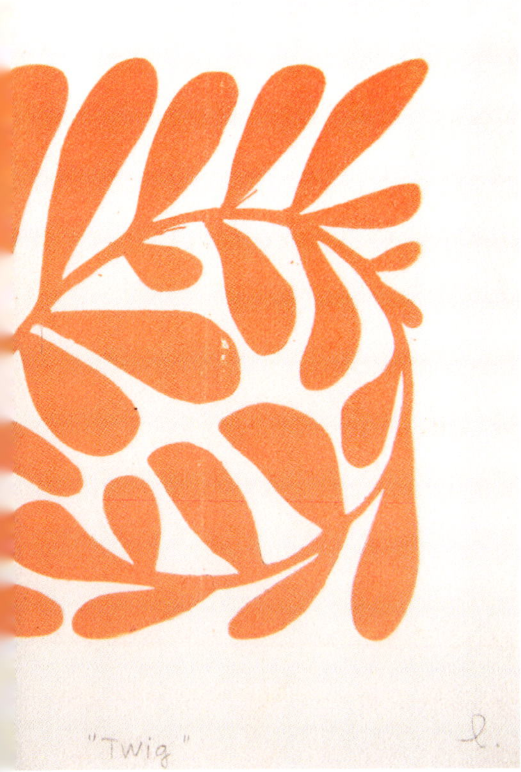

DIE PLATTE ZERSTÖREN

Bei limitierten Auflagen ist es üblich, die Druckplatte nach Abschluss des Projekts zu zerstören oder mithilfe eines Schneidewerkzeugs unbrauchbar zu machen.

Rahmung und Präsentation

Ein fertiger Druck ist an sich schon ein Kunstwerk, und hoffentlich sind Sie nach all der Arbeit zufrieden mit dem Ergebnis.

Drucke lassen sich jedoch durch eine professionelle Präsentation noch weiter aufwerten. Schon ein einfacher Rahmen steigert ihre optische Wirkung.

Im folgenden Projektteil finden Sie auch Ideen zur Präsentation Ihrer Werke.

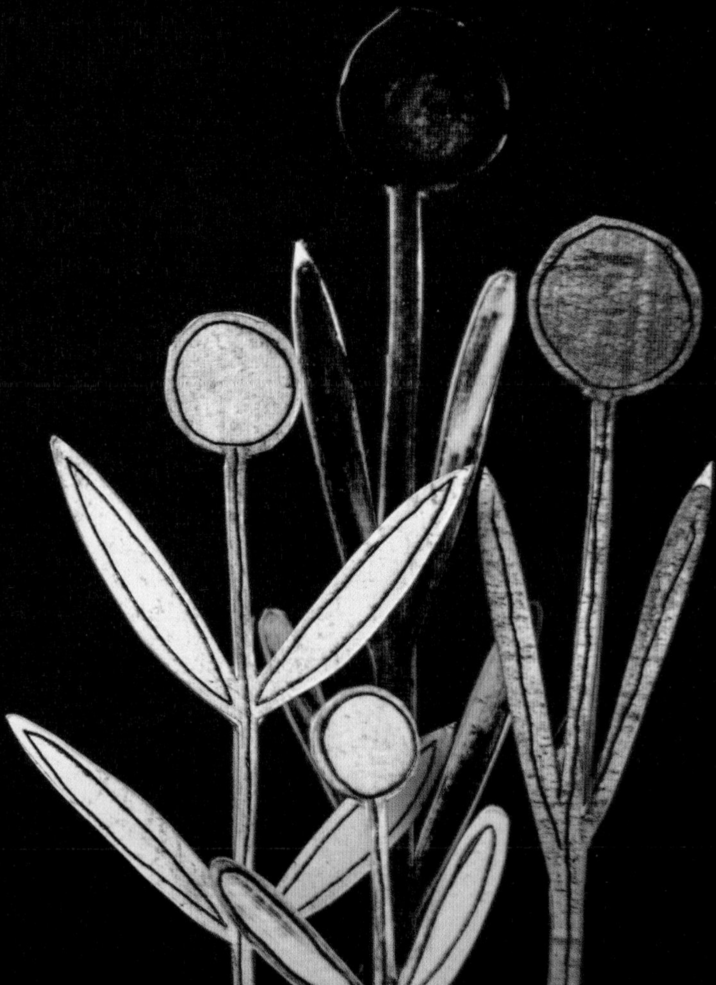

Projekte

Die Druckgrafik ist eine sehr vielseitige Technik, die sich für zahlreiche kreative und praktische Projekte eignet – nicht nur für die Herstellung von Kunstwerken. Irgendwann wird der Platz an den Wänden ohnehin knapp.

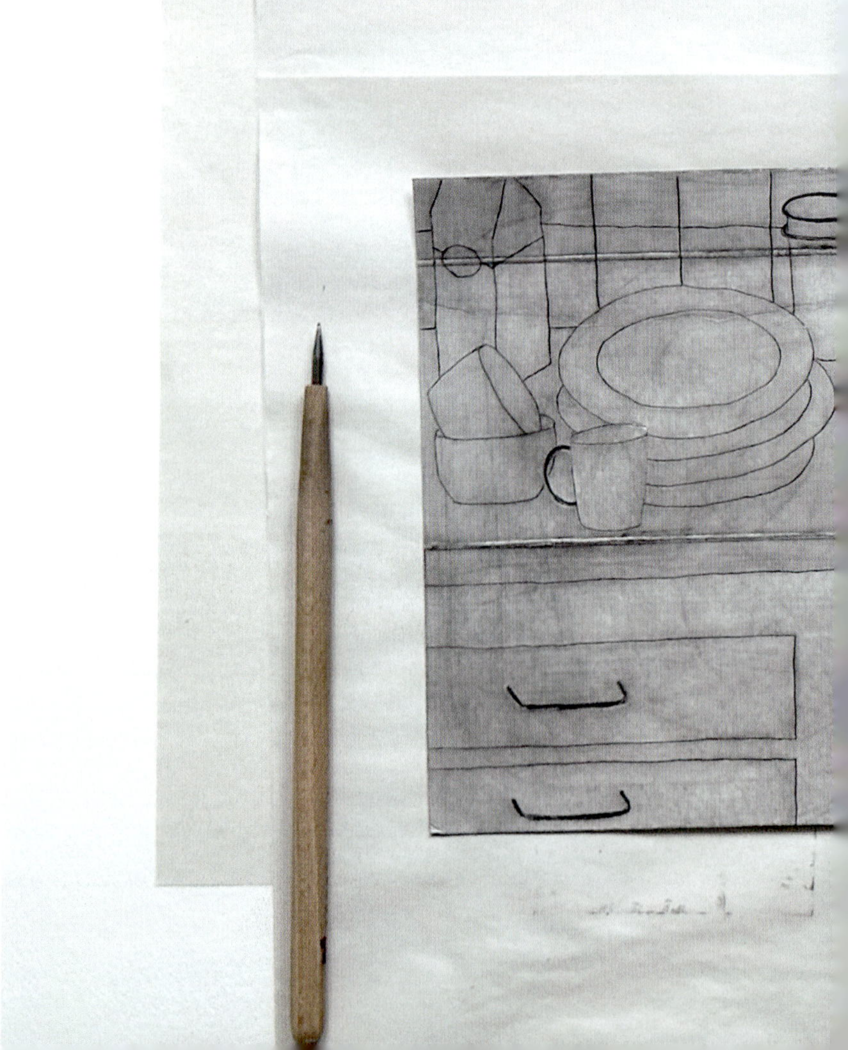

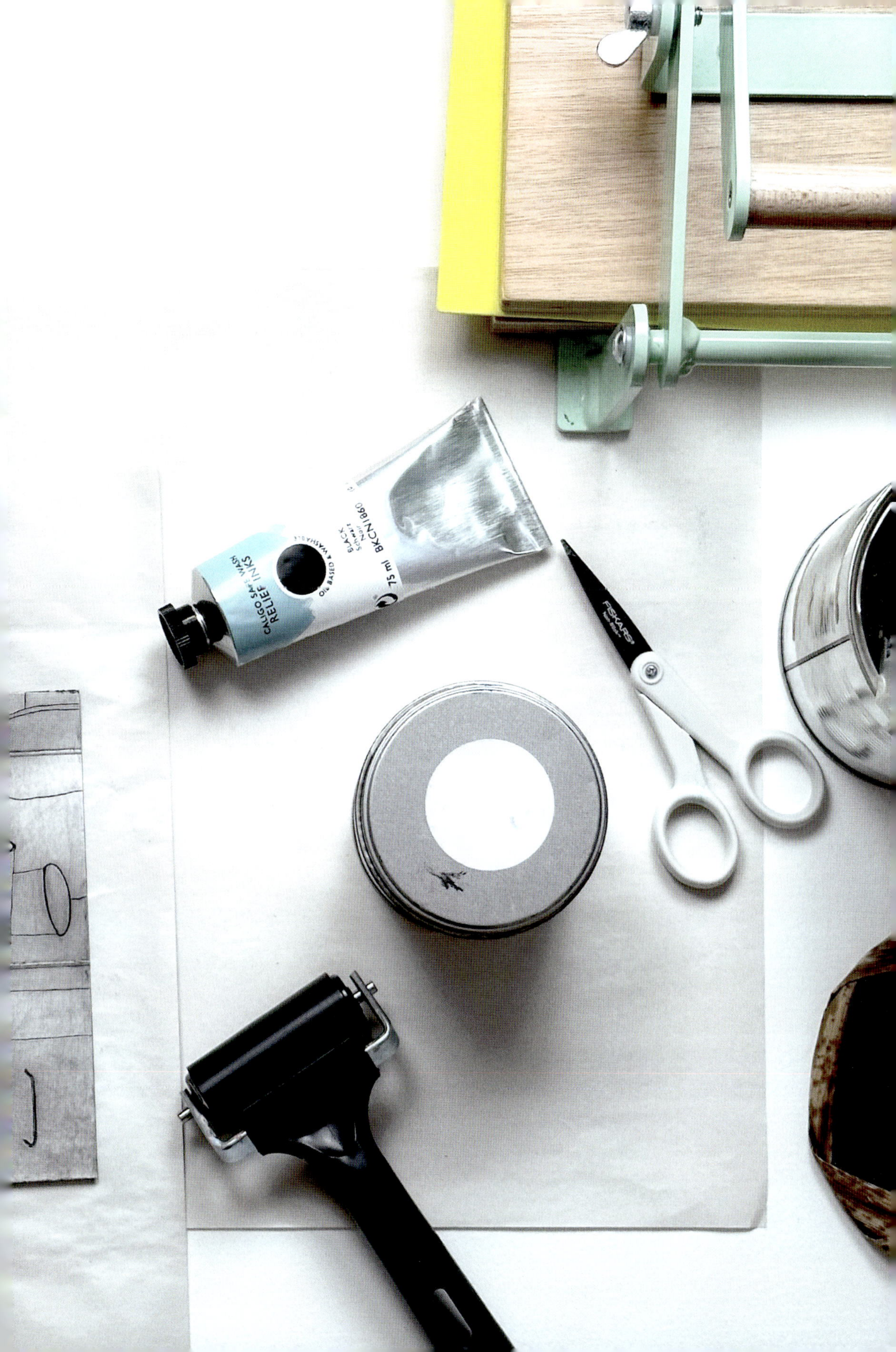
CALIGO SAFE WASH
RELIEF INKS
BLACK
75 ml
BKCN1860
FISKARS

Landschaft der Texturen

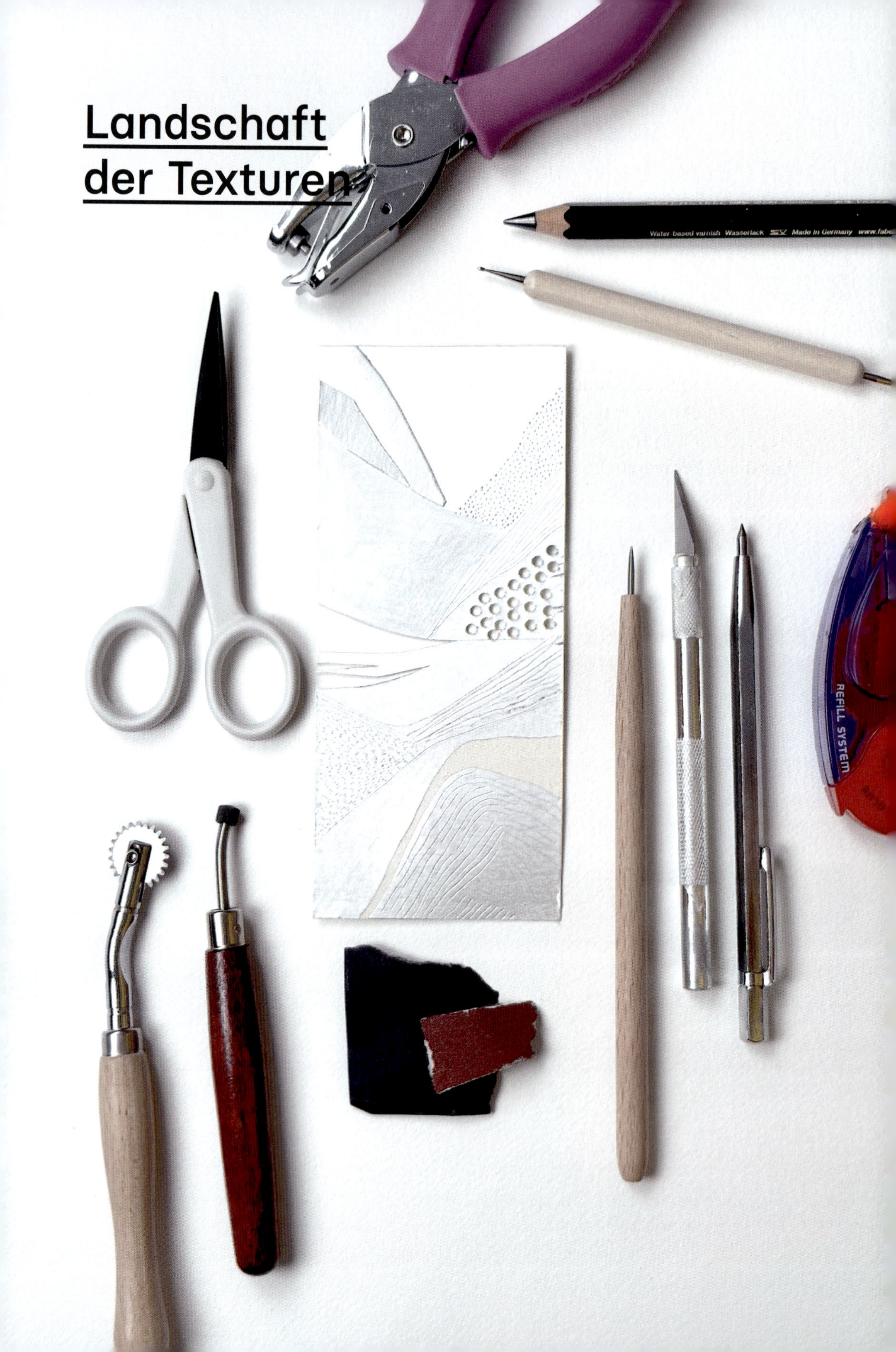

Stellen Sie eine Musterplatte her, um sich mit Materialien und Werkzeugen des Milchkartondrucks sowie mit den unterschiedlichen Druckverfahren vertraut zu machen.

Es heißt nicht umsonst: «Übung macht den Meister.»
Eine Musterplatte ist ein wunderbares Projekt für den Einstieg. Sie erlernen spielerisch den Umgang mit Materialien und Werkzeugen und können die verschiedenen Druckverfahren ohne Angst vor Fehlversuchen ausprobieren.

Für dieses Projekt benötigen Sie kein Motiv. Experimentieren und improvisieren Sie einfach herum, um ein Gefühl für die Werkzeuge zu bekommen.

1. Stellen Sie aus einem Milchkarton eine einfache, rechteckige Druckplatte her. Mithilfe eines Bleistifts können Sie die Platte in mehrere Bereiche zum Ausprobieren unterschiedlicher (Schneid-)Werkzeuge und Techniken unterteilen.

2. Legen Sie spitze Werkzeuge und Gegenstände bereit – alles Mögliche, was eine Markierung auf der Platte hinterlassen könnte: Radiernadel, Bleistift, Locher, Schleifpapier ...

3. Bearbeiten Sie die einzelnen Bereiche Ihrer Druckplatte mit diesen Werkzeugen, und notieren Sie, welches Werkzeug Sie für welchen Bereich verwendet haben, sodass Sie die unterschiedlichen Techniken bei künftigen Projekten gezielt anwenden können.

Stellen Sie von dieser Platte mehrere Abzüge her, um die verschiedenen Druckverfahren zu üben: eine Blindprägung (ohne Farbe) mit der Presse sowie Farbabzüge mit der Presse und mit dem Baren.

Eine Nudelmaschine zur Druckpresse umbauen

Mit etwas Geschick und Geduld können Sie Ihre Nudelmaschine in eine professionelle kleine Druckpresse umbauen.

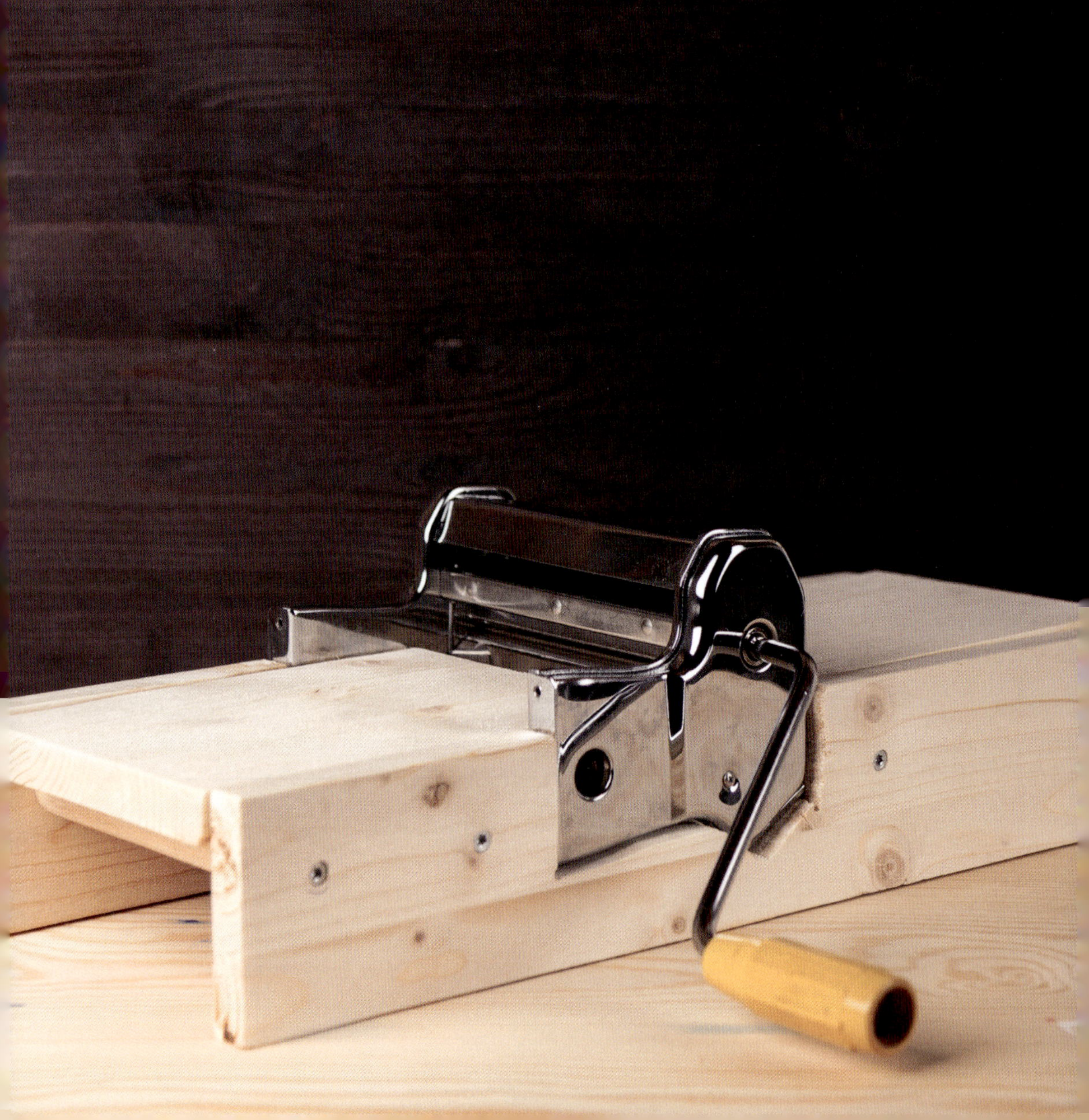

1. Montieren Sie die Fußplatte der Nudelmaschine ab. Normalerweise müssen dazu nur vier Schrauben auf der Unterseite gelöst werden.

2. Zeichnen Sie alle Teile des Gestells gemäß Plan (siehe nächste Seite) auf die Holzplatte, und schneiden Sie sie mit der Stichsäge aus. Den Rundstab in vier 14,5 cm lange Stücke teilen.

3. Legen Sie die Nudelmaschine auf die Seite, und zeichnen Sie den Umriss auf ein Blatt Papier. Übertragen Sie den Umriss auf die beiden Seitenleisten, und schneiden Sie sie mit der Stichsäge aus.

4. Bohren Sie 8 Löcher in die Seitenleisten. Verbinden Sie die beiden Seitenleisten mit den Rundstäben. Die Rundstäbe festschrauben.

5. Stellen Sie die Nudelmaschine (ohne Fuß) in die Vertiefung des Gestells. Die beiden Holzplatten (den «Drucktisch») davor und dahinter auflegen. Das Gestell mit der Zwinge der Nudelpresse am Tisch fixieren.

Materialien

1 Holzplatte, 44 × 30 × 1,8 cm
1 Rundstab, 60 cm lang, 2 cm ø
8 Schrauben
Stichsäge
Nudelmaschine

Der Plan für das Gestell ist für eine Nudelmaschine Marcato Atlas 150 konzipiert, lässt sich aber leicht an jedes andere Modell anpassen.

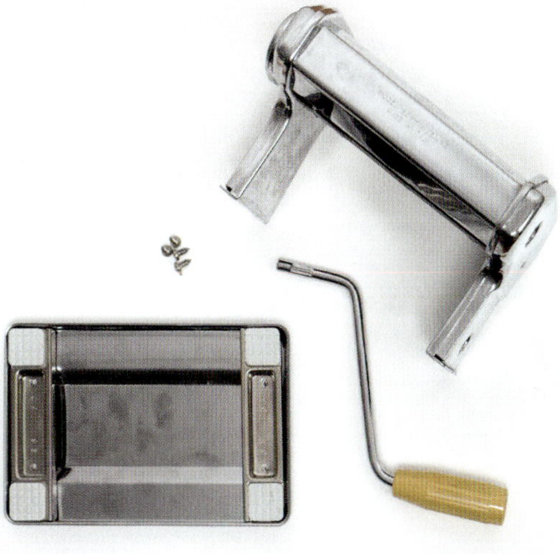

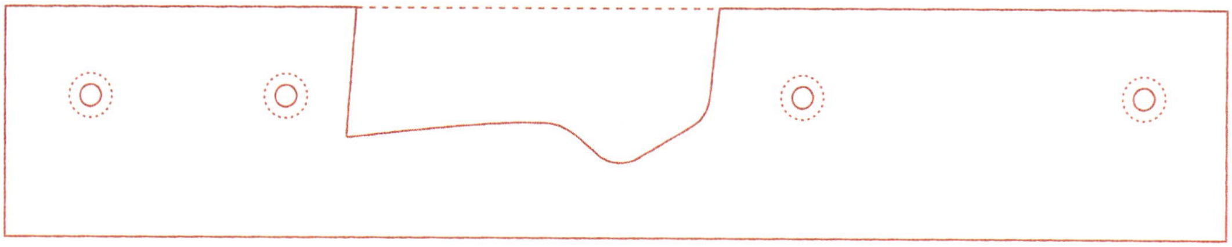

Seitenleisten
44 × 8 × 1,8 cm
2 x zuschneiden

Verbindungsstäbe
14,5 cm, 2 cm Ø
4 × zuschneiden

«Drucktisch»
20 × 14 × 1,8 cm
2 × zuschneiden

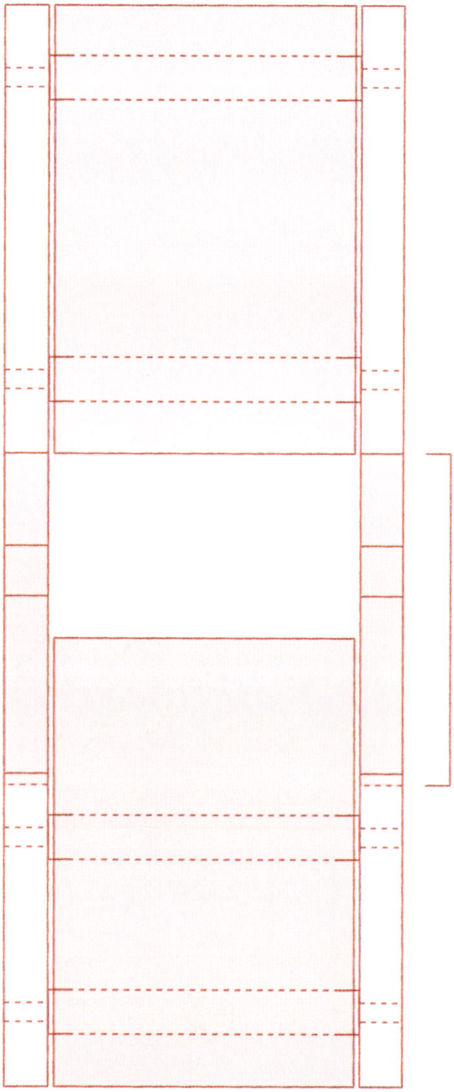

Nudelmaschine (ohne Fuß) in die Vertiefung stellen.

DRUCKEN

Bereiten Sie ein Drucksandwich aus einer Platte Moosgummi, einem Bogen Packseide oder Makulaturpapier, einer Druckplatte, einem Stück Druckpapier, einem weiteren Bogen Packseide und einer zweiten Moosgummiplatte vor (siehe S. 53).

Legen Sie das Drucksandwich auf den Drucktisch. Drehen Sie mit einer Hand langsam die Kurbel der Nudelmaschine, und leiten Sie das Drucksandwich mit der anderen zwischen die Walzen. Sobald diese gegriffen haben, können Sie das Sandwich loslassen.

Dank des Gestells können Sie Ihr Drucksandwich horizontal statt vertikal führen, sodass die Druckplatte plan bleibt und nicht gegen die Fußplatte der Nudelmaschine stoßen kann.

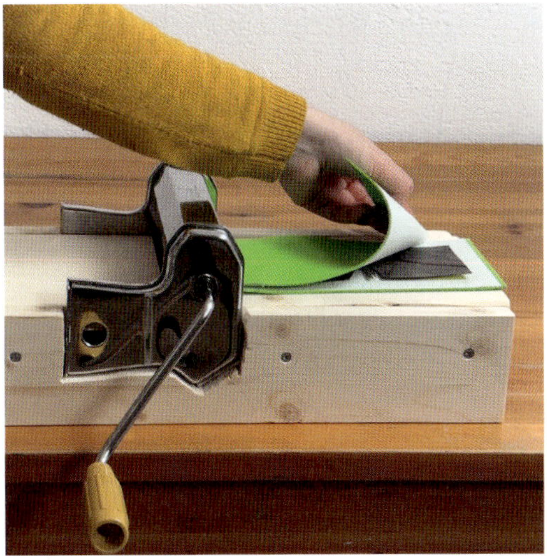

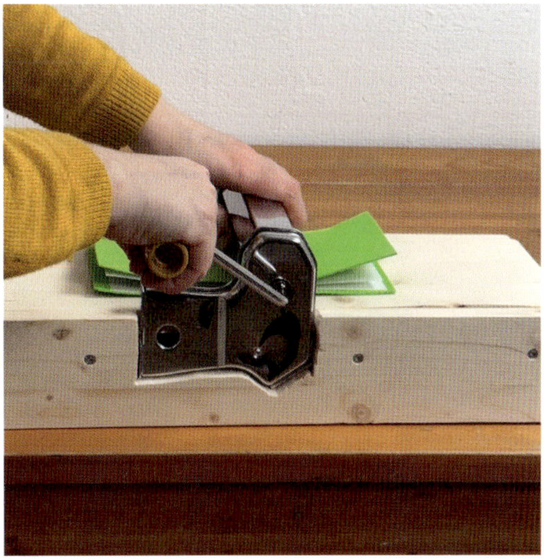

Pflanzen-Memory

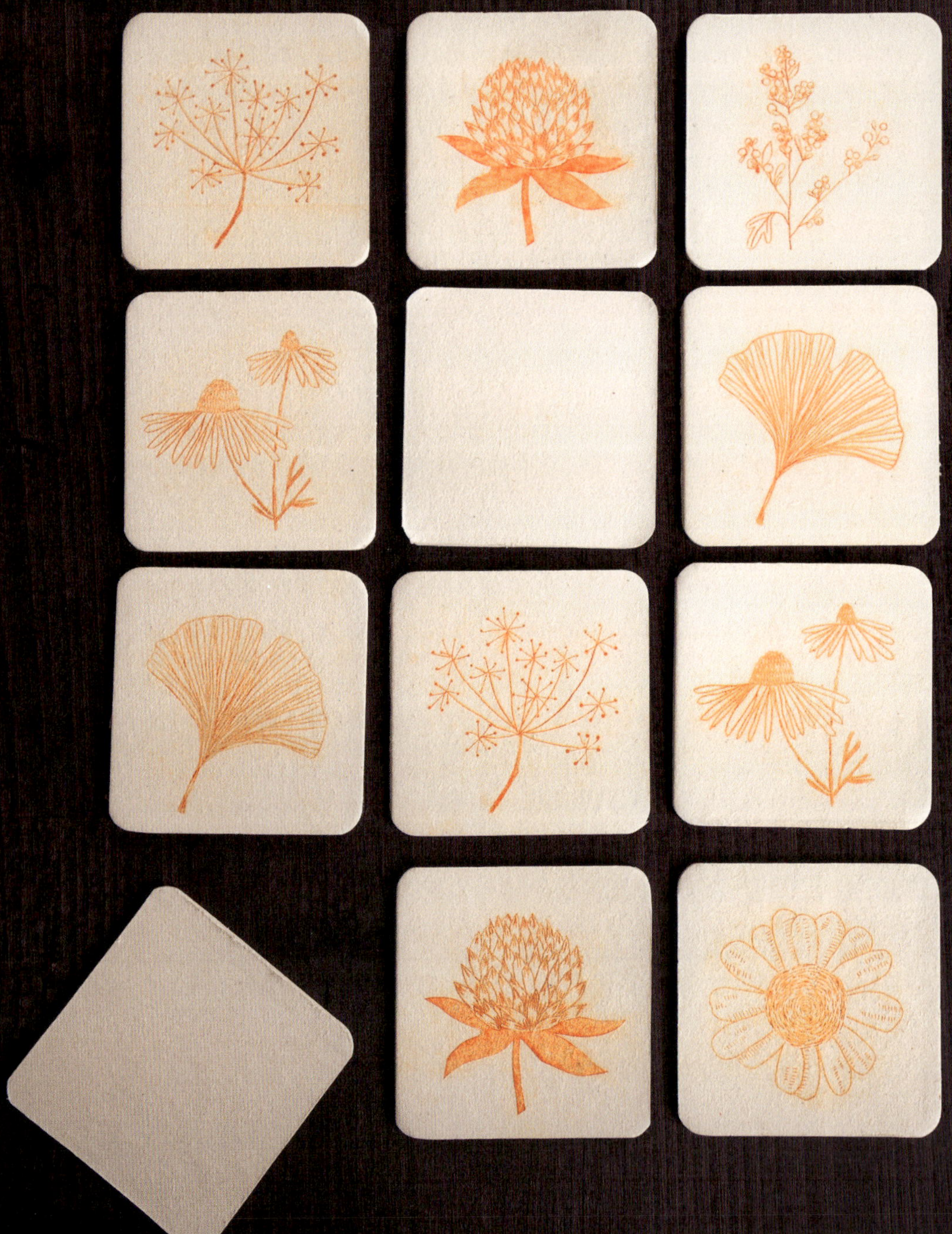

Technik	Papier	Presse
Tiefdruck	Bristolkarton	Radierpresse, Nudelmaschine oder Open Press

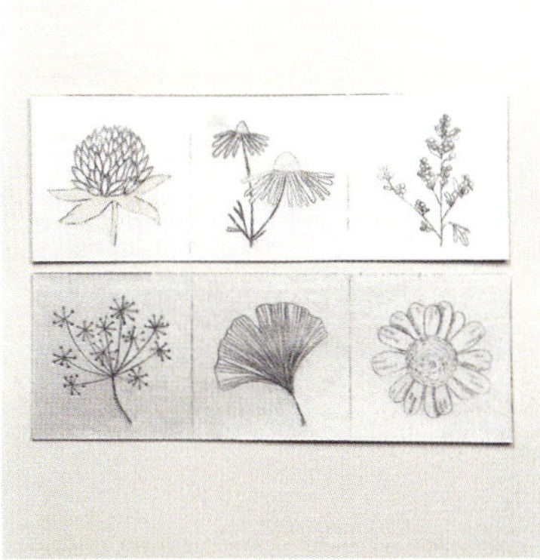

1. Fertigen Sie Zeichnungen von den Motiven Ihres Memory-Spiels an, und übertragen Sie Ihre Entwürfe auf Milchkartonplatten. Achten Sie dabei auf die Größe: Die einzelnen Karten werden später auf 6 × 6 cm zugeschnitten.

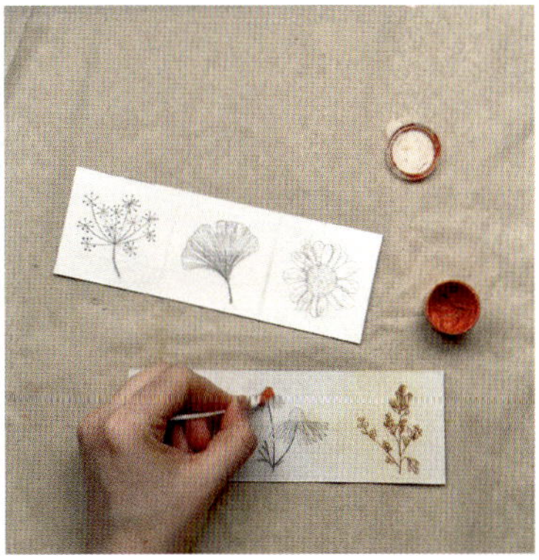

2. Ritzen Sie die Motive mit einer Radiernadel in die Milchkartonplatten. Wenn Sie mehrere Motive nebeneinander auf einen Karton setzen, geht das Einfärben und Drucken schneller.

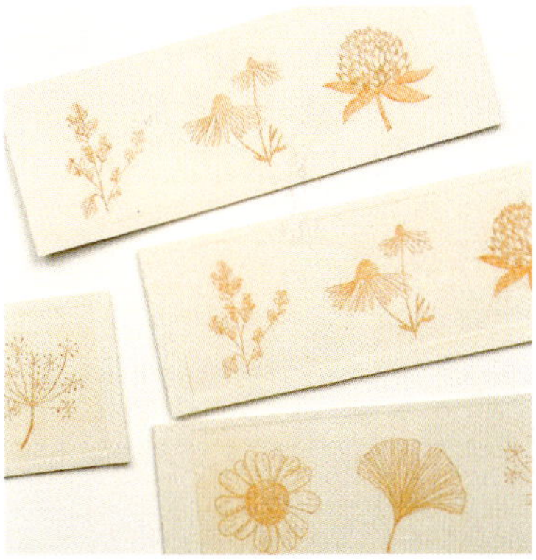

3. Schneiden Sie das Druckpapier etwas größer als die Druckplatten zu; die Spielkarten werden später zugeschnitten. Sie sollten ein dickes Papier wie Bristolkarton oder Graupappe verwenden. Das Druckpapier anfeuchten.

4. Färben Sie die Platten ein, und drucken Sie jedes Motiv zweimal.

5. Schneiden Sie die Spielkarten auf 6 × 6 cm zu. Die Ecken nach Wunsch mit einem Eckenstanzer abrunden.

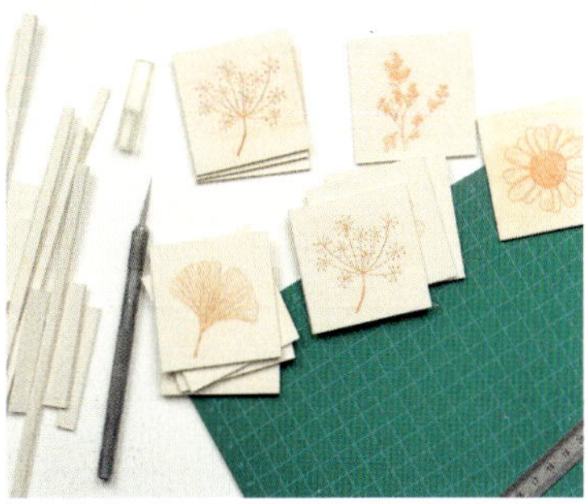

Geschenkanhänger

Mit handgedruckten Geschenkanhängern lassen sich Geschenke verschönern und Beschenkte beeindrucken.

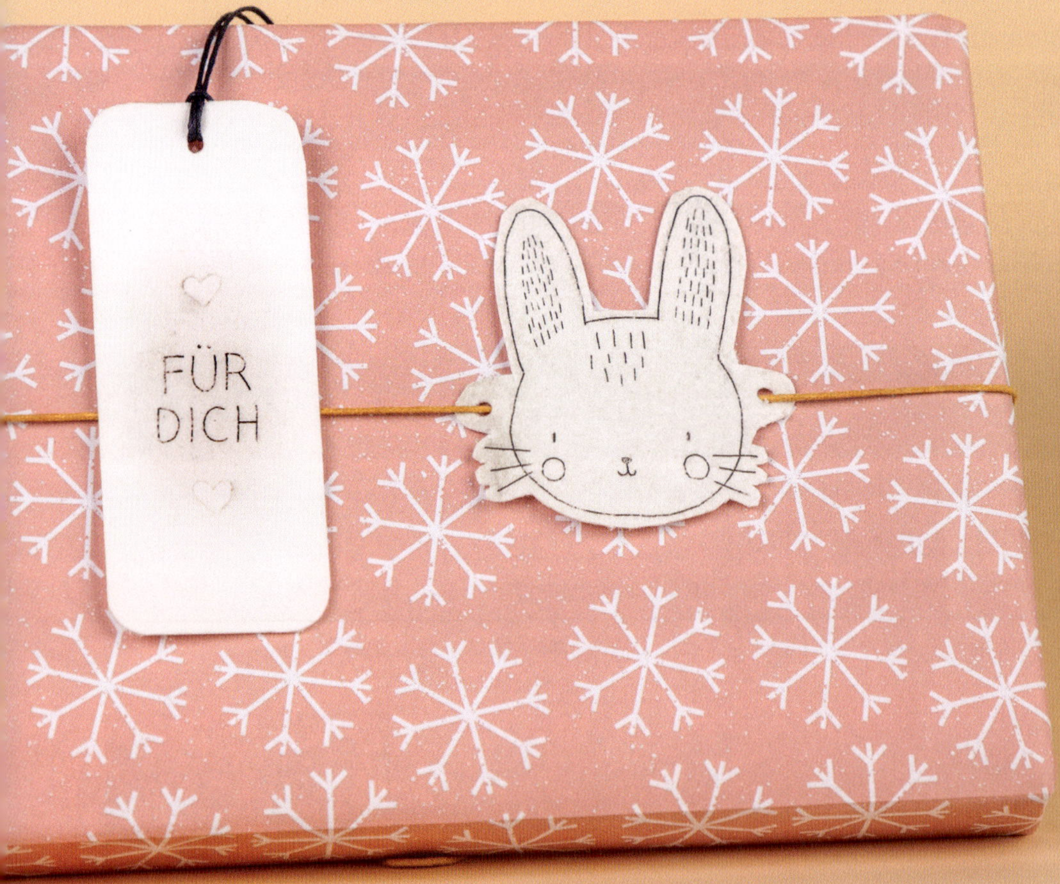

1. Fertigen Sie Zeichnungen der gewählten Motive an, und übertragen Sie Ihre Entwürfe auf eine oder mehrere Milchkartonplatten.
   Planen Sie im Voraus, an welcher Stelle Sie die Löcher zum Aufhängen der Anhänger stanzen möchten. Sie können rechteckige Platten und Papierbogen verwenden, da die Anhänger erst nach dem Drucken ausgeschnitten werden.

2. Drucken Sie die Motive mit einer Radierpresse, Nudelmaschine oder Open Press auf einen kräftigen Karton, und lassen Sie die Abzüge vollständig trocknen.

3. Schneiden Sie die Geschenkanhänger aus, und stanzen Sie an der/den vorgesehenen Stelle(n) eines oder mehrere Löcher für den/die Aufhänger. Fädeln Sie ein Stück Schnur in einer passenden oder kontrastierenden Farbe ein, und verwenden Sie die Anhänger als Schmuck für Ihre Geschenke.

Technik
Tiefdruck

Papier
Büttenkarton, der für Drucke geeignet ist (z. B. «Rosaspina» von Fabriano)

Presse
Radierpresse, Nudelmaschine oder Open Press

Materialien und Werkzeuge
Locher, Schnur

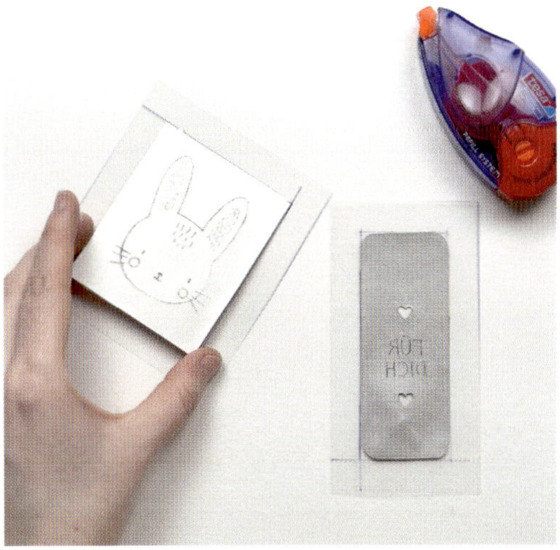

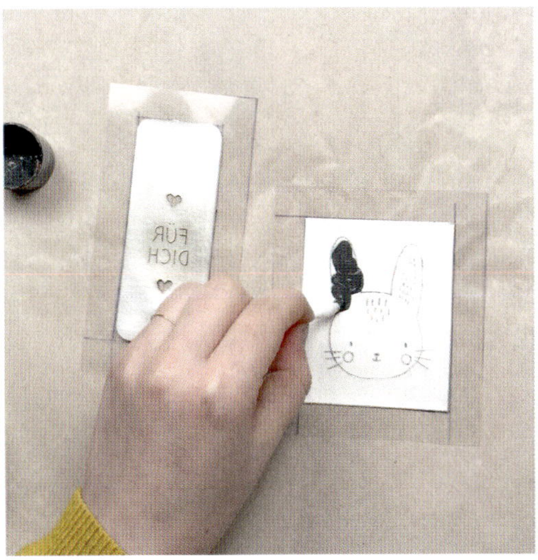

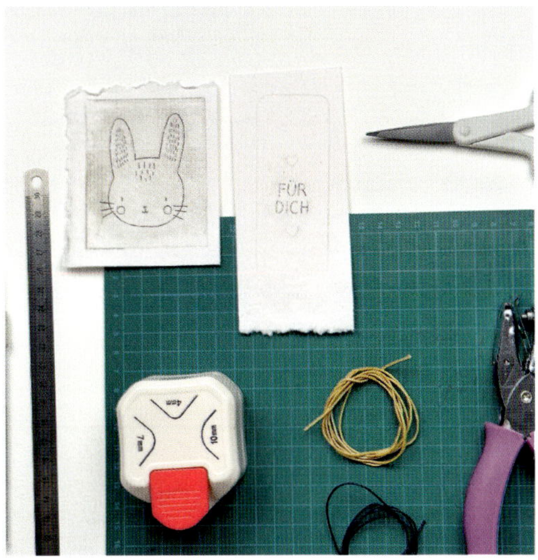

Bedruckte Briefkarten aus Saatgutpapier

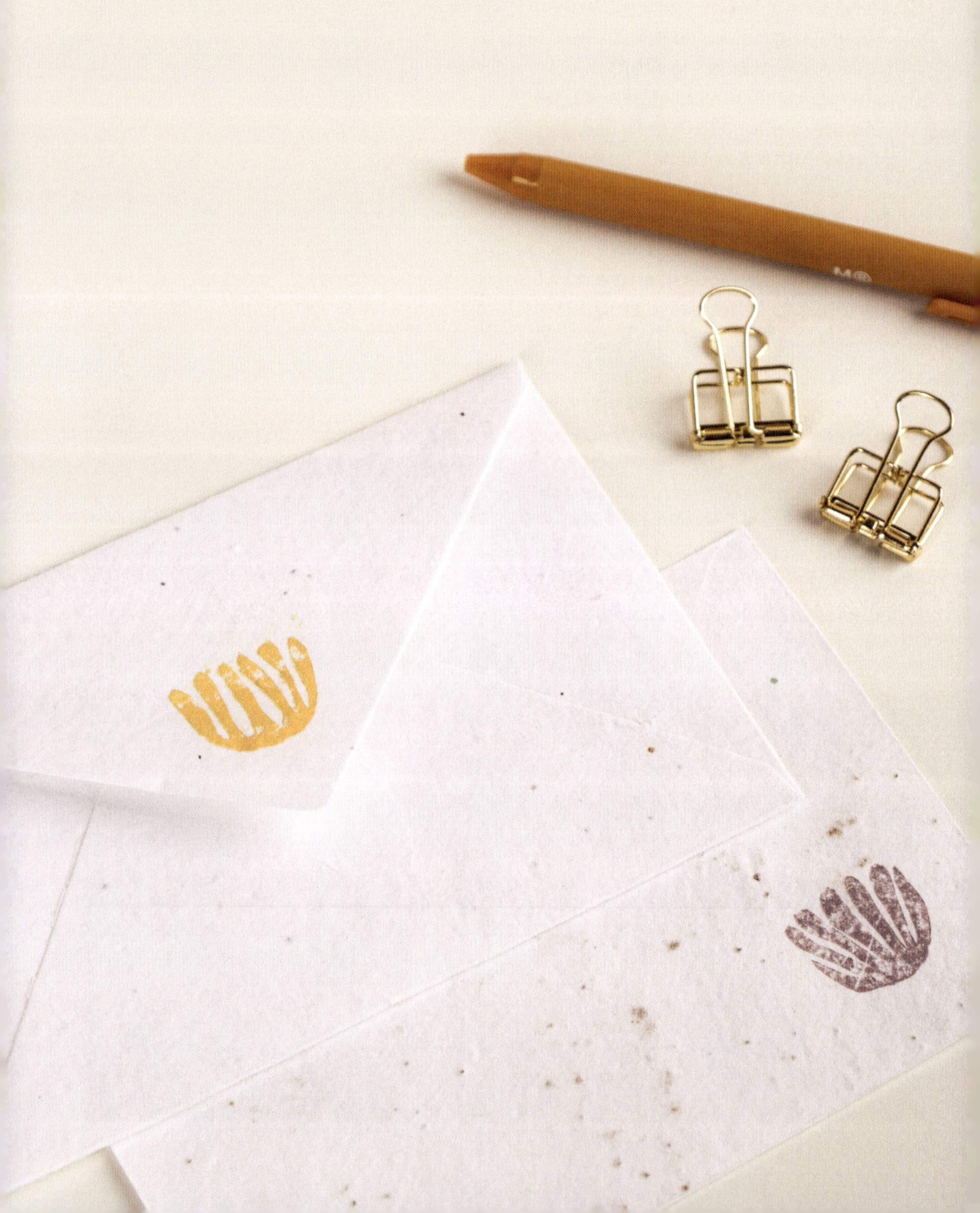

Mit individuell bedruckten Briefkarten aus Saatgutpapier können Sie Ihrer Korrespondenz eine ganz persönliche Note verleihen und auf umweltfreundliche Weise Freude schenken.

Saatgutpapier ist handgeschöpftes, biologisch abbaubares Papier, das in den Zellstoff eingebettete Samen enthält. Wird es in die Erde gelegt, zersetzt es sich, und die Samen keimen.

1. Entwerfen Sie ein kleines, persönliches Logo, das auf den Briefkarten nur wenig Platz einnimmt.

2. Fertigen Sie eine Zeichnung von Ihrem Logo an, und übertragen Sie den Entwurf auf ein Stück Milchkarton.

3. Schneiden Sie die Platte aus, und kleben Sie sie auf ein Stück Folie, um bequemer drucken zu können.

4. Färben Sie die Platte ein, und bedrucken Sie Ihre Karten – entweder mit einer Handhebelpresse oder unter Zuhilfenahme eines Barens oder Holzlöffels.

Ein bedrucktes Set Briefkarten eignet sich auch prima als Geschenk für Freund:innen oder Familienmitglieder.

Technik
Reliefdruck

Papier
Saatgutpapier

Presse
Handhebelpresse oder Handwerkzeuge (Baren oder Holzlöffel)

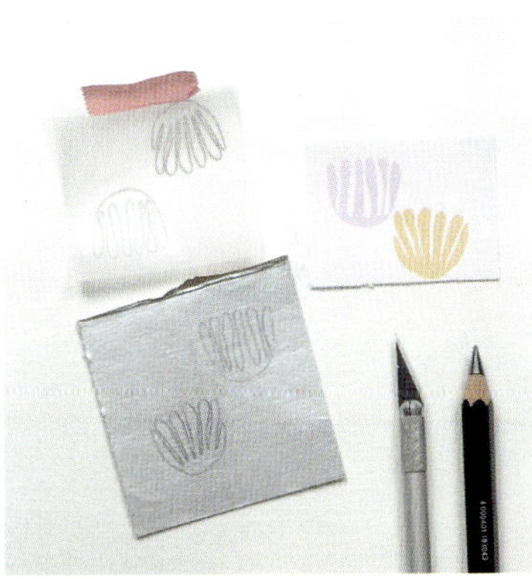

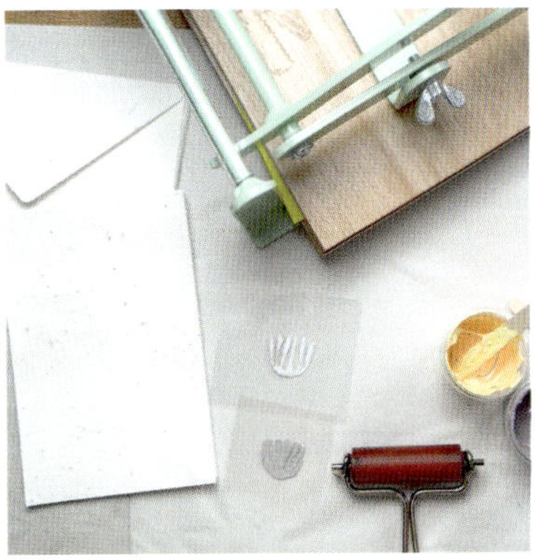

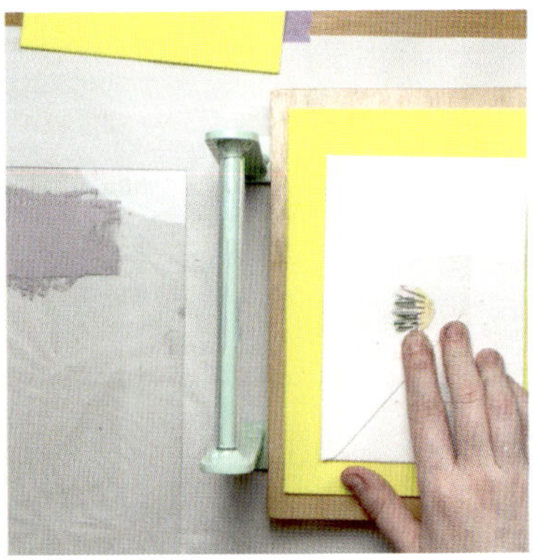

Letterpress-Girlande

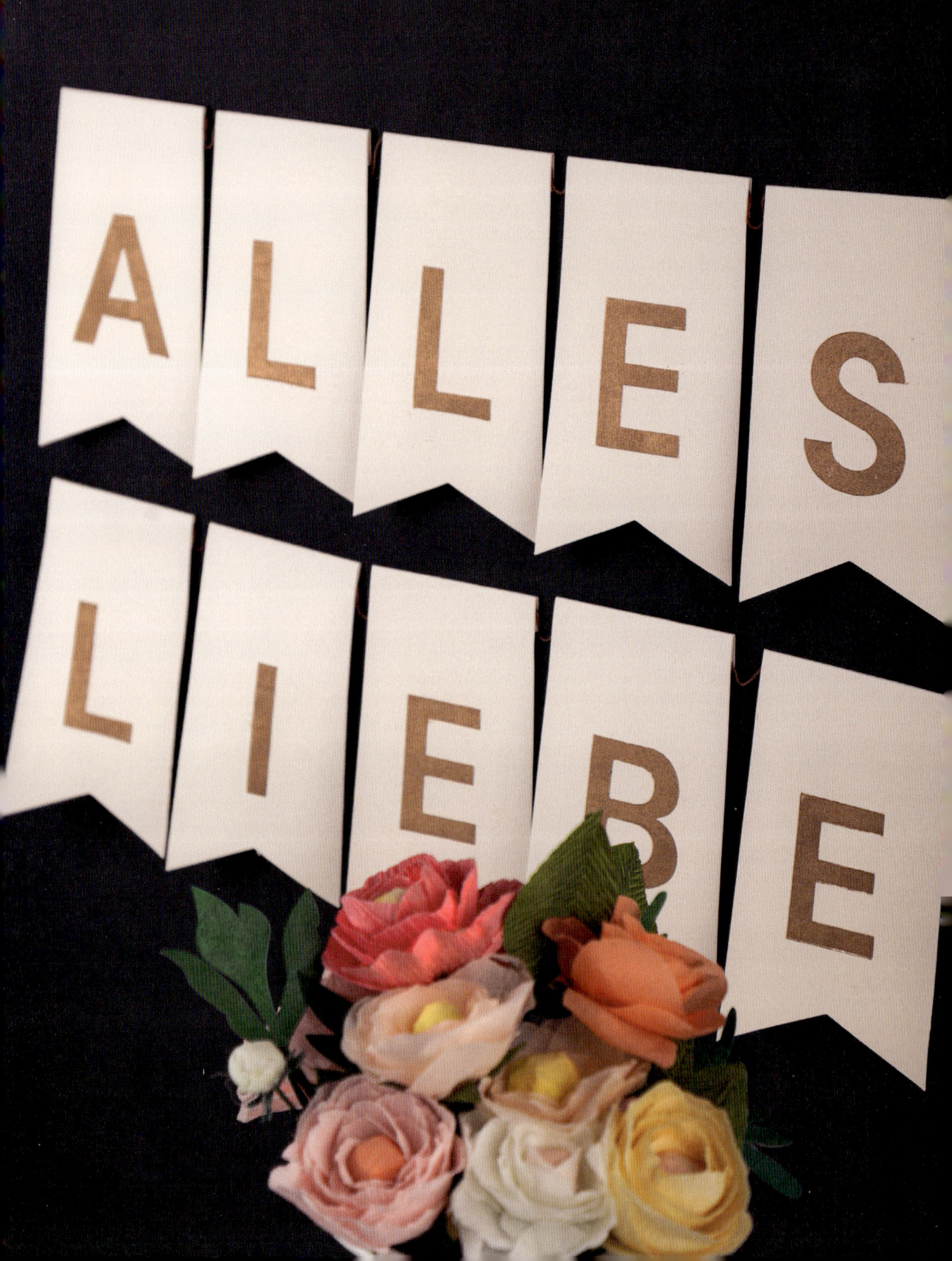

Technik
Letterpress

Papier
Büttenkarton, der für Drucke geeignet ist (z. B. «Rosaspina» von Fabriano)

Presse
Radierpresse oder Nudelmaschine

Materialien und Werkzeuge
Skalpell, Lineal, Falzbein, Klebstoff, Kordel

DEN TEXT VORBEREITEN

1. Wählen Sie einen Text für Ihre Girlande aus, z. B. «Alles Liebe» wie hier. Da jeder Buchstabe separat gedruckt wird, benötigen Sie pro Letter nur ein Stück Karton. Wenn Sie Lust haben, bereiten Sie gleich Druckplatten für das gesamte Alphabet vor. So können Sie jederzeit Girlanden für verschiedene Anlässe gestalten.

2. Zeichnen Sie die Lettern in der normalen Leserichtung von Hand auf ein Stück Papier, oder tippen Sie sie in den Computer, und drucken Sie sie aus.

DIE DRUCKPLATTEN VORBEREITEN

3. Fixieren Sie Ihre Zeichnung oder den Ausdruck auf der bedruckten Seite eines Stücks Milchkarton, und schneiden Sie mit einem Cuttermesser die einzelnen Buchstaben aus.

4. Zeichnen Sie die Umrisse der Girlandenteile auf ein Stück Folie (ein Teil pro Letter), und kleben Sie die einzelnen Buchstaben spiegelverkehrt auf. (Auf eine Overheadfolie im DIN-A4-Format passen jeweils drei Teile der Girlande.)

5. Schneiden Sie die Einzelteile der Girlande (ein Teil pro Letter) mit etwas Spiel um die Konturen zu.

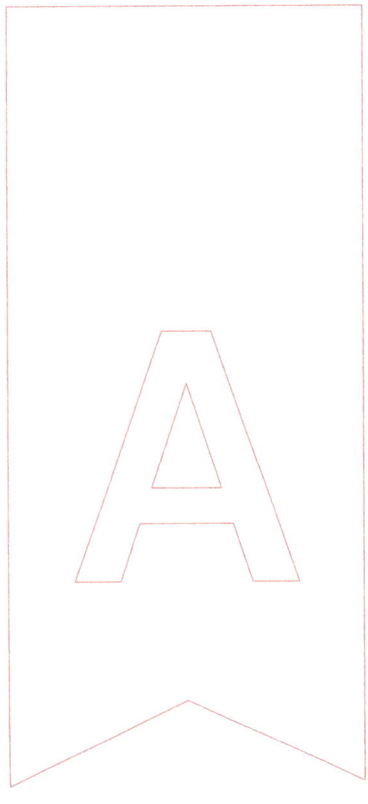

DRUCKEN

6. Legen Sie genügend Papier bereit (auch für mögliche Fehldrucke), und schneiden Sie es auf die passende Größe zu. Für «Alles Liebe» benötigen Sie 10 Bogen Papier, da der Text aus 10 Buchstaben besteht.
   Wenn Sie mögen, können Sie rechteckige Bogen verwenden und die Einzelteile der Girlande erst nach dem Drucken exakt zuschneiden.

7. Notieren Sie sich, wie oft jeder Buchstabe in Ihrem Text vorkommt. (Hier: A: 1 ×, L: 3 ×, E: 3 ×, I: 1 ×, S: 1 ×, B: 1 ×). So wissen Sie, wie oft Sie jeden Buchstaben drucken müssen.

8. Färben Sie die Platten ein, und drucken Sie die Lettern.

9. Lassen Sie die Abzüge unter einem Bücherstapel trocknen.

10. Wenn noch nicht geschehen, schneiden Sie die Bogen nun exakt zu. Kerben Sie dann unter Zuhilfenahme eines Lineals und eines Falzbeins auf der Rückseite jedes Bogens mit 1 cm Abstand vom oberen Rand eine horizontale Linie von Kante zu Kante – hier werden die Teile gleich über die Kordel gefaltet.

DIE GIRLANDE BASTELN

11. Legen Sie die Lettern in der richtigen Reihenfolge auf den Tisch, und drehen Sie sie um, sodass die unbedruckte Seite des Papiers nach oben zeigt.

12. Schneiden Sie ein passendes Stück Kordel zu (mit Zugabe zum Aufhängen). Legen Sie die Kordel auf die Girlande, und befestigen Sie die Enden mit Klebeband auf dem Tisch.

13. Gleichen Sie die Abstände zwischen den Buchstaben aus.

14. Streichen Sie den oberen Rand der Bogen mit Klebstoff ein, oder kleben Sie doppelseitiges Klebeband auf. Falten Sie die Laschen an den Falzkanten um die Kordel, und kleben Sie sie fest.

Nun können Sie Ihre Girlande aufhängen.

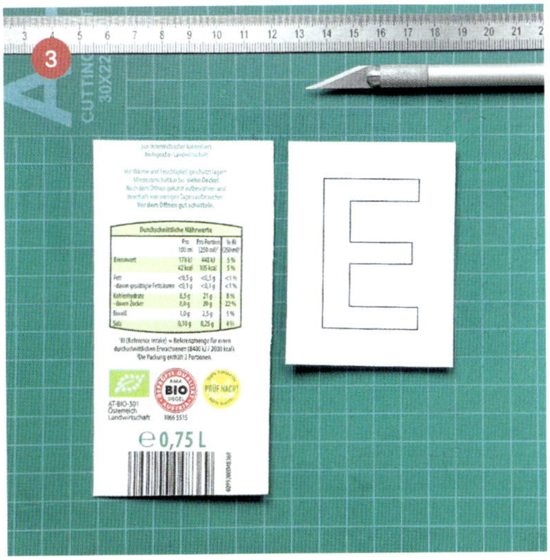
3

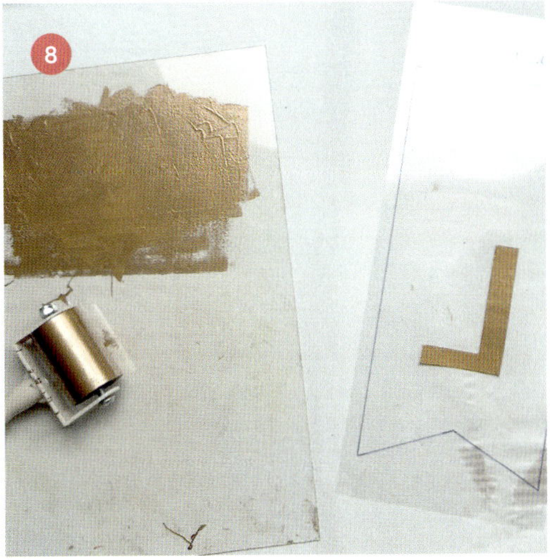
8

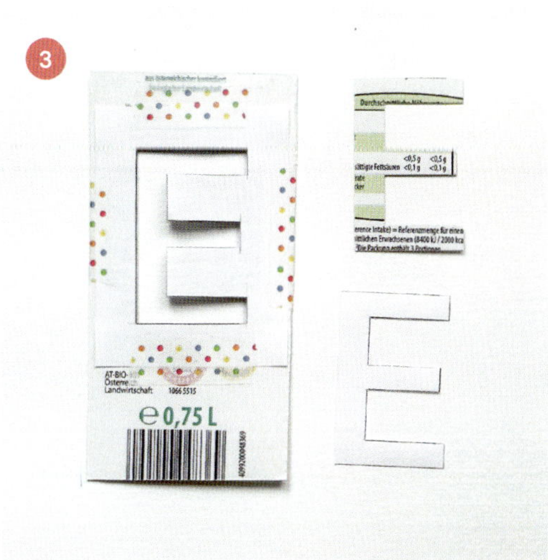
3

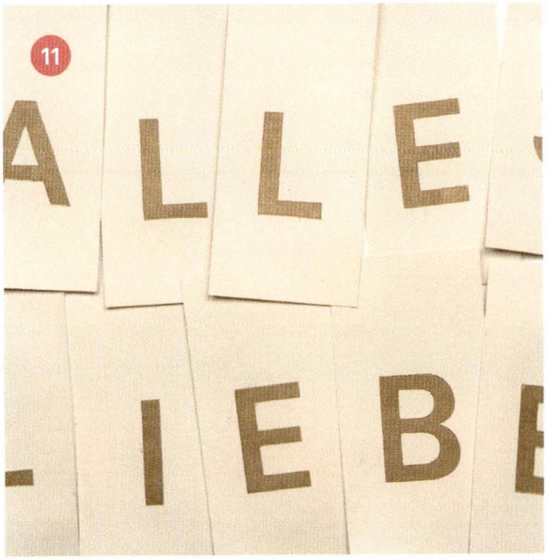
11

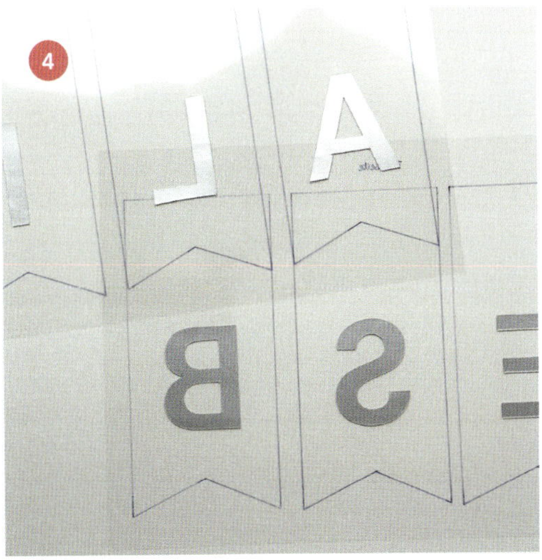
4

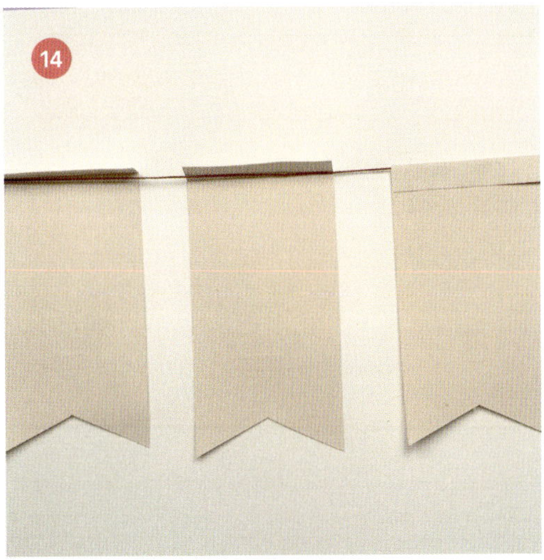
14

Einfacher Papierrahmen

Ein schlichter Rahmen, der Drucke schön zur Geltung bringt.

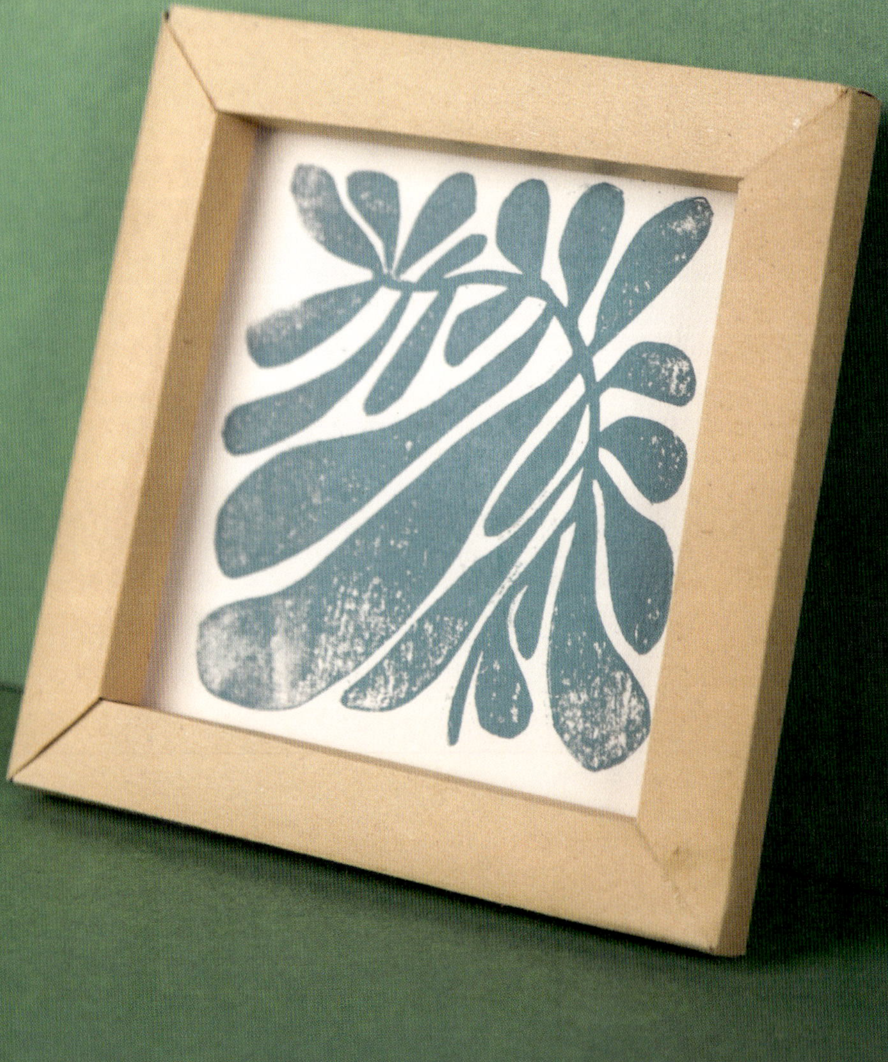

Dieser Rahmen wird aus einem einzigen Stück Papier gefaltet. Seine Größe muss mindestens der Größe des dafür vorgesehenen Drucks entsprechen, aber Sie können den Rahmen auch etwas größer anfertigen, damit die Leisten die Ränder des Motivs nicht verdecken.

1. Schneiden Sie den Karton für den Rahmen gemäß Vorlage zu. Die Falzkanten mit einem Falzbein nachziehen.

2. Falten Sie jede Seite des Rahmens einzeln, und stecken Sie zum Schluss die geraden in die abgeschrägten Kanten. Bevor Sie die letzte Seite falten, kleben Sie den Druck in den Rahmen ein.

Materialien und Werkzeuge

Karton (z. B. Tonpapier), Skalpell, Falzbein, Klebstoff

Papiergröße berechnen

Breite = Breite des Drucks + (4 × RB) + (4 × RH)

Höhe = Höhe des Drucks + (4 × RB) + (4 × RH)

RB = Rahmenbreite; RH = Rahmenhöhe

Bei einem 1,5 cm breiten und 1 cm hohen Rahmen ergibt sich folgende Rechnung:

Breite = Breite des Drucks + 10 cm

Höhe = Höhe des Drucks + 10 cm

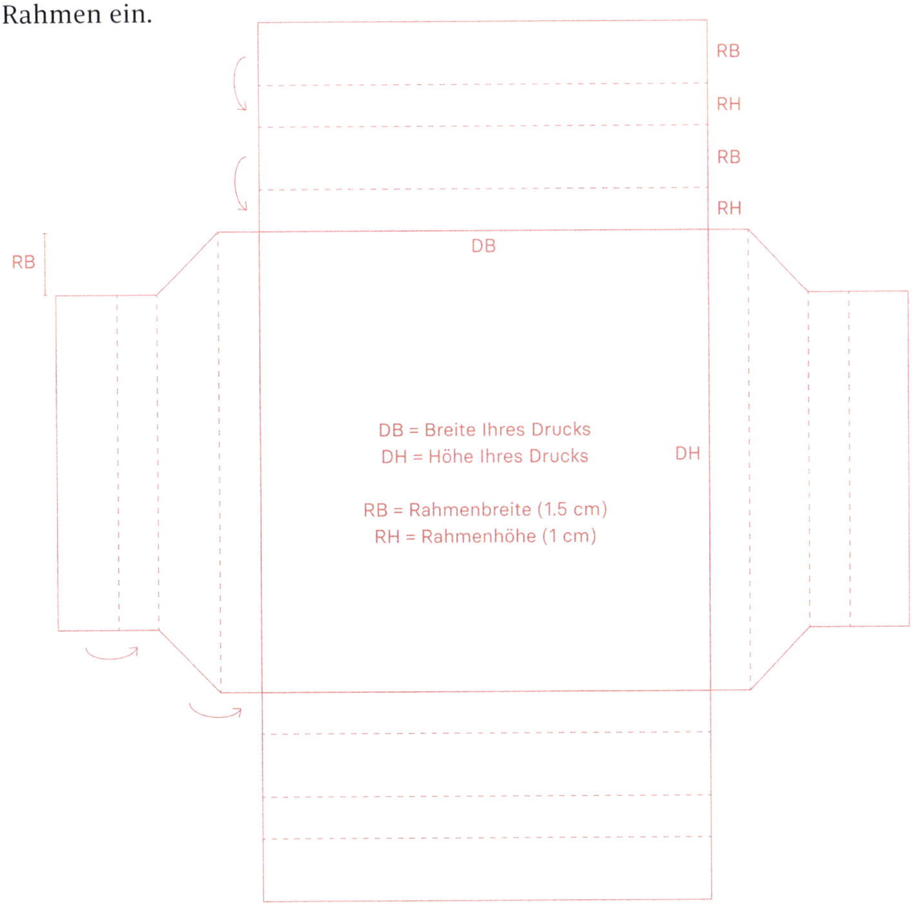

Fehldrucke retten

Manche Drucke gelingen perfekt – andere sind weniger zufriedenstellend. Dennoch sollte man sie nicht gleich wegwerfen.

Unabhängig davon, ob Sie technische Probleme beim Drucken hatten oder aus anderen Gründen mit dem Ergebnis nicht zufrieden sind – manchmal lohnt es sich, misslungene Abzüge aufzubewahren und nachzubearbeiten.

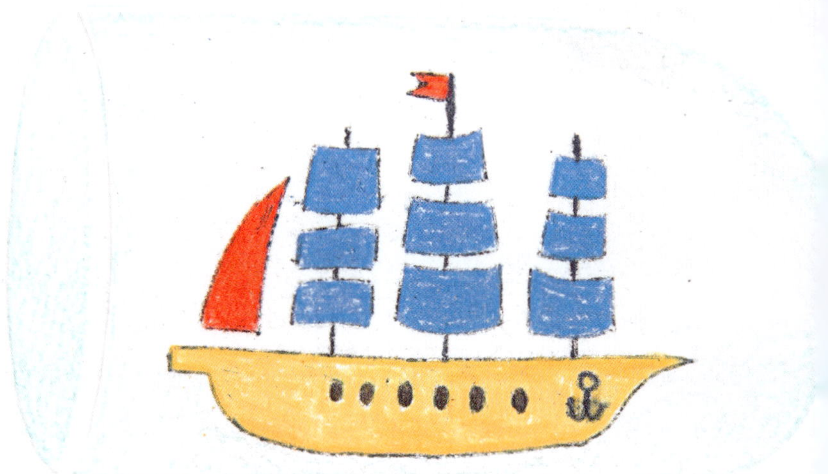

— Dieser Druck ist viel zu blass, weil ich zu viel Farbe von der Platte abgewischt und mit der Presse nicht genug Druck ausgeübt habe. Ich habe den Druck mit Buntstiften koloriert.

— Bei diesem Druck war das Papier zu nass, sodass die Farbe beim Drucken an den Rändern der Platte ausgeblutet ist, aber das Hauptmotiv ist gut gelungen. Ich habe es ausgeschnitten und eine Postkarte damit gestaltet.

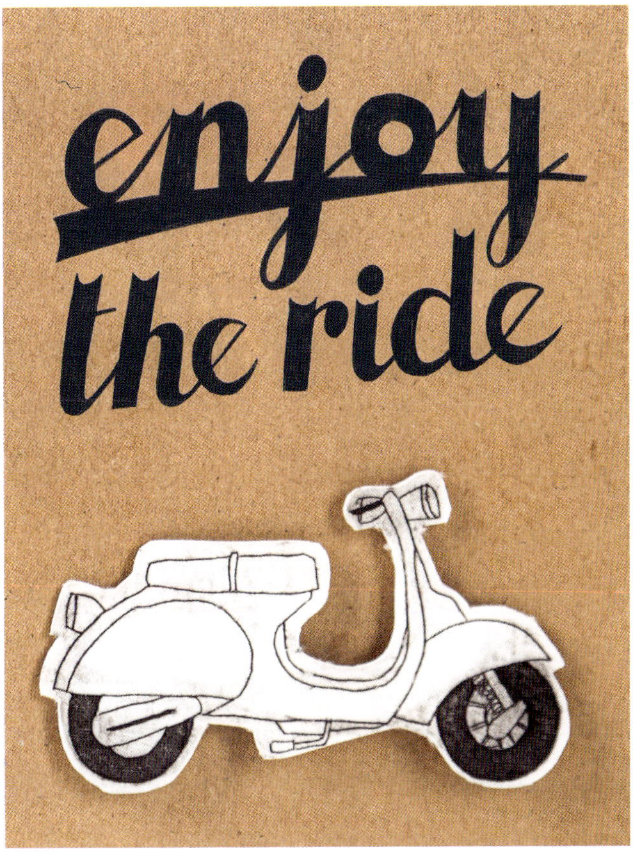

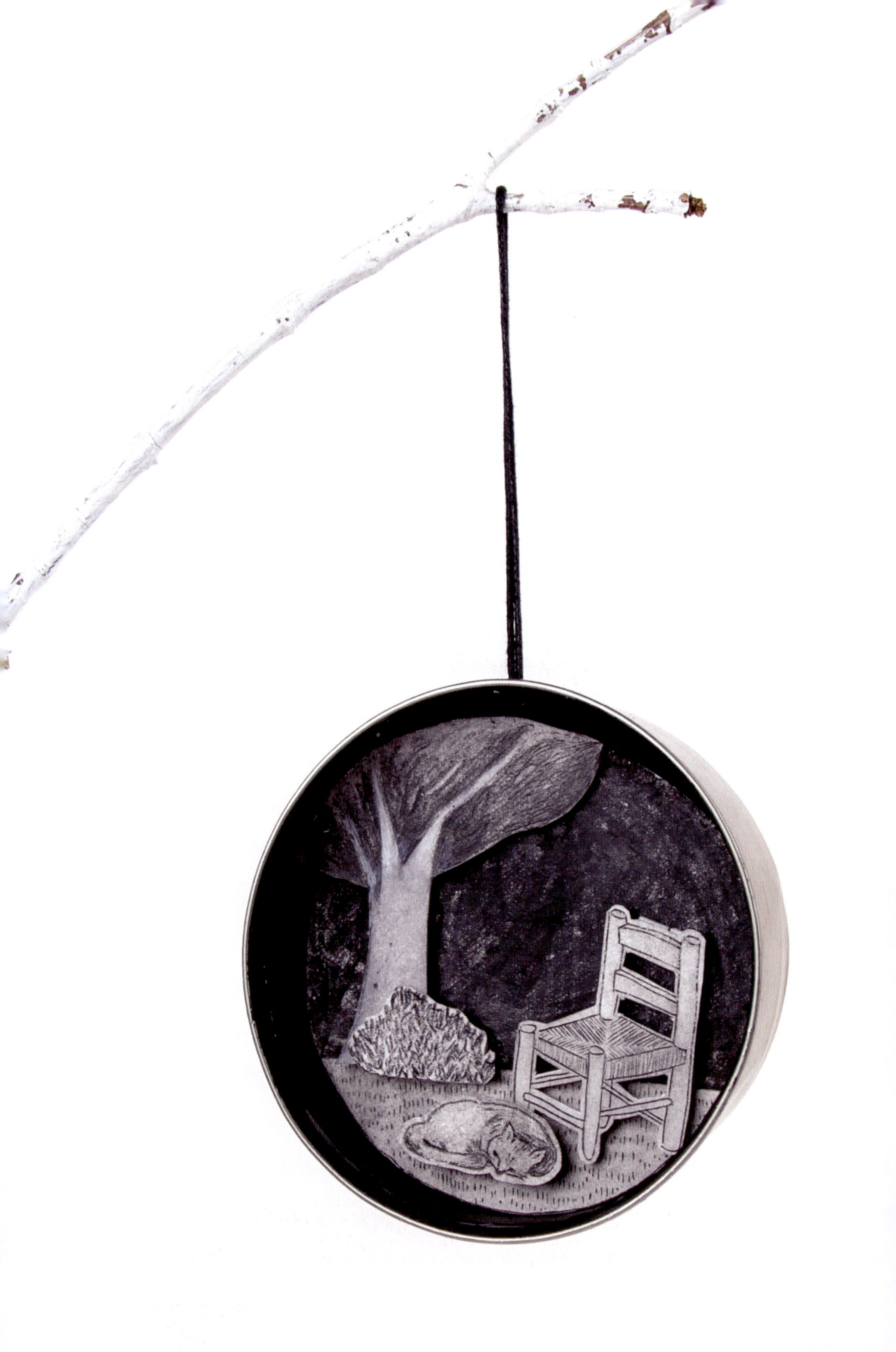

Dosendiorama

Erzählen Sie Ihre Geschichte anhand einer von Hand gedruckten Miniaturszene.

Technik
Tiefdruck

Papier
Büttenkarton, der für Drucke geeignet ist (z. B. «Rosaspina» von Fabriano)

Materialien und Werkzeuge
Konservendose, Zange, Acrylfarbe, Handbohrer, Schnur, Skalpell, Montageband

DEN BEHÄLTER VORBEREITEN

Wählen Sie eine flache Dose ohne Deckel in der von Ihnen bevorzugten Form und Größe, z. B. eine Thunfisch- oder Sardinendose.

1. Biegen Sie die scharfe Kante der Dose mit einer Zange nach innen, damit Sie sich nicht verletzen.

2. Bemalen Sie die Dose in einer Farbe Ihrer Wahl mit Acrylfarbe, und lassen Sie die Farbe trocknen.

3. Bohren Sie mit einem kleinen Bohrer ein Loch die Seitenwand, fädeln Sie eine Schnur ein, und fixieren Sie die Schnur mit einem Knoten.

DAS MOTIV PLANEN

4. Fertigen Sie Zeichnungen von den Gegenständen an, aus denen Ihr Bild sich zusammensetzen soll. Verwenden Sie den Umriss der Dose als Schablone für Ihren Entwurf.

5. Bereiten Sie für jede Bildebene eine Druckplatte vor. Sie können zum Drucken rechteckige Platten verwenden und die Motive nach dem Drucken in Form schneiden.

DRUCKEN

6. Bereiten Sie das Papier vor, färben Sie die Druckplatte ein, und drucken Sie alle erforderlichen Abzüge nach der von Ihnen bevorzugten Methode.

7. Legen Sie die Abzüge zum Trocknen unter einen Bücherstapel.

DAS DIORAMA ZUSAMMEN-SETZEN

8. Wenn die Drucke vollständig getrocknet sind, schneiden Sie die einzelnen Ebenen bzw. Motive exakt zu.

9. Kleben Sie alle Schichten und Motive mit Montageband nacheinander in die Dose – zuerst den Hintergrund, dann den Mittelgrund und zum Schluss den Vordergrund. Um den Abstand zwischen den Ebenen zu vergrößern, können Sie das Klebeband schichten.

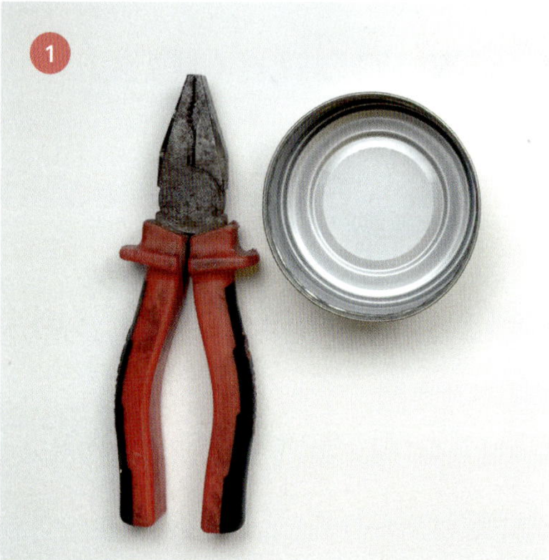

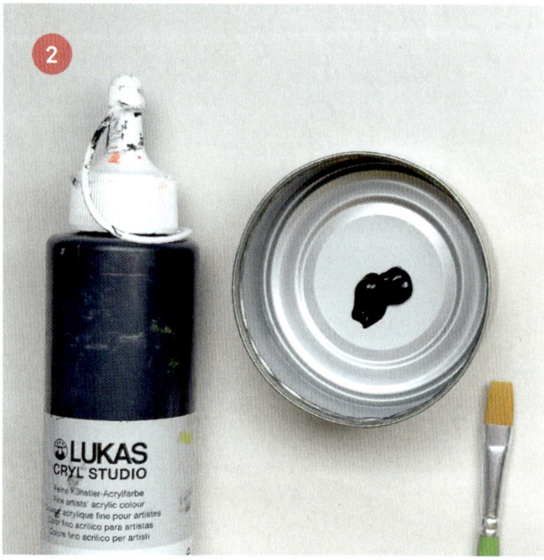

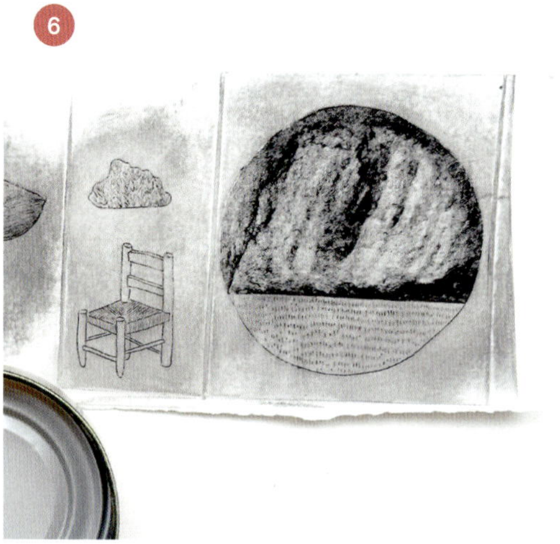

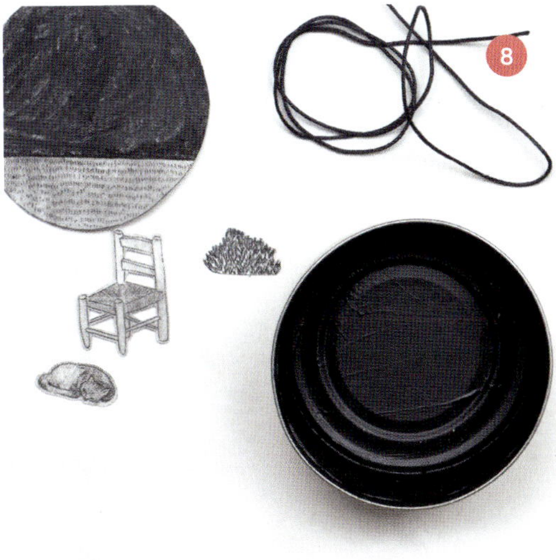

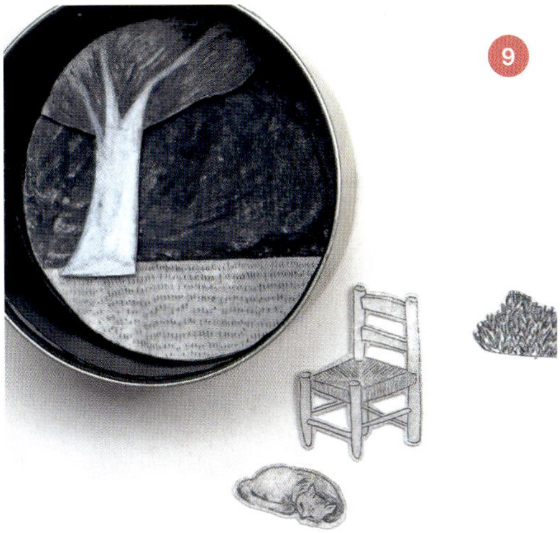

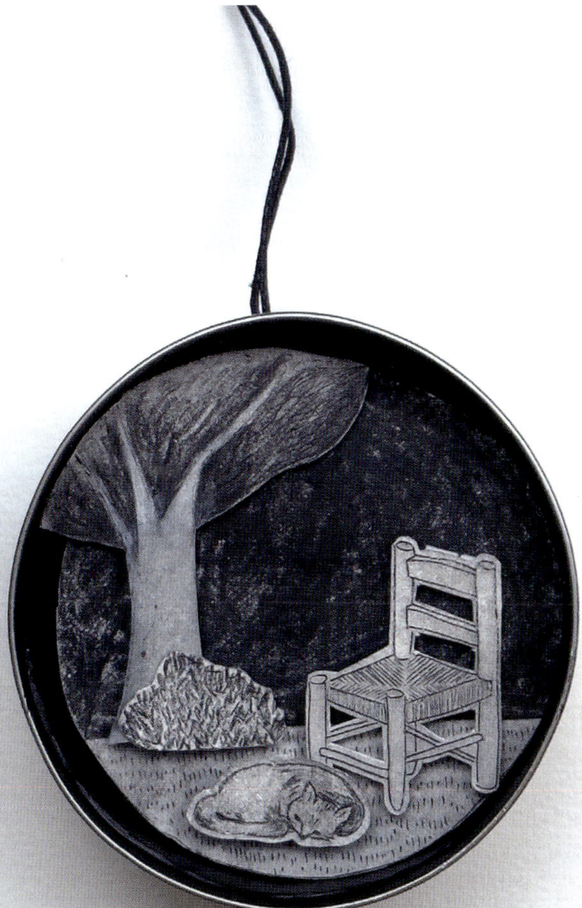

Von Hand gedrucktes Medaillonbild

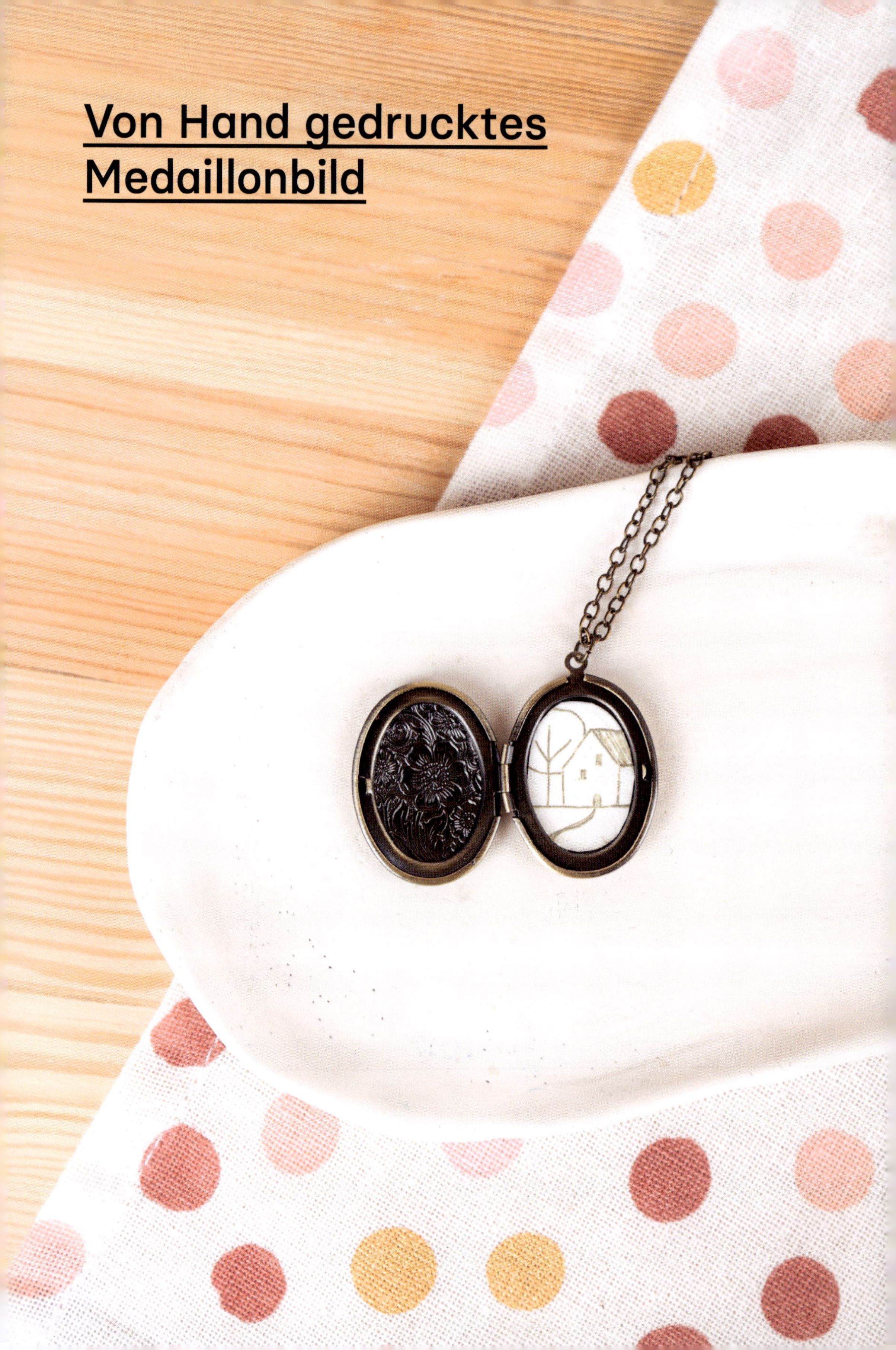

Ein ganz persönliches Schmuckstück für Sie selbst oder einen Lieblingsmenschen.

Technik
Tiefdruck

Papier
Büttenkarton, der für Drucke geeignet ist (z. B. «Rosaspina» von Fabriano)

Materialien und Werkzeuge
Medaillon, Schere, doppeleitiges Klebeband

Wählen Sie ein Motiv, das Ihnen oder einer Person, die Sie beschenken möchten, etwas bedeutet, z. B. einen Lieblingsort oder das Porträt des/der Liebsten.

1. Messen Sie die Innenseite Ihres Medaillons aus, und zeichnen Sie die Umrisse auf ein Stück Papier. Orientieren Sie sich beim Skizzieren Ihres Motivs an dieser Schablone.

2. Übertragen Sie das Motiv auf die Druckplatte, färben Sie die Platte ein, und drucken Sie. Am bequemsten ist es, mit einer rechteckigen Platte zu arbeiten und den Abzug im Nachhinein zuzuschneiden. Ich empfehle für dieses Projekt ein dickeres Papier.

3. Den getrockneten Abzug mithilfe der Schablone exakt zuschneiden und mit doppelseitigem Klebeband in das Medaillon kleben.

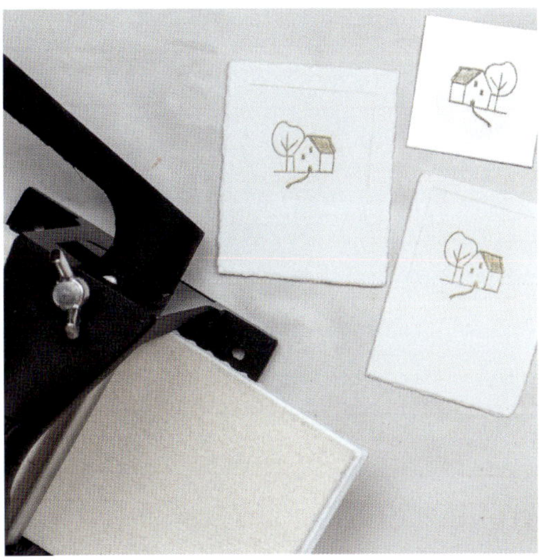

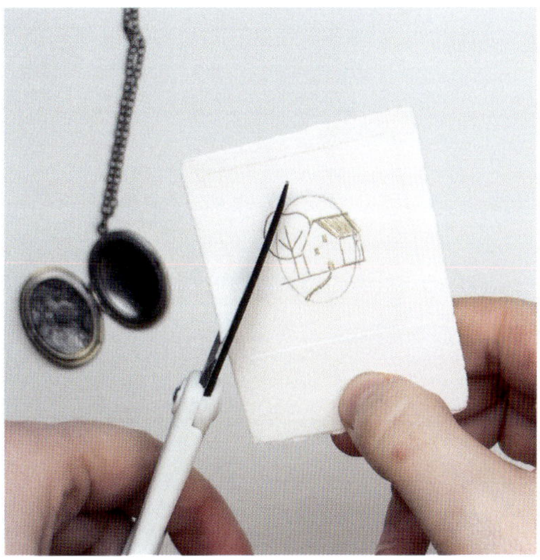

Geprägte Notizbücher

Ein einfaches, fadengeheftetes Notizbuch mit einem schlichten Prägedruck ist ein wunderschönes Geschenk.

DIE PLATTEN VORBEREITEN

1. Überlegen Sie, welches Format Ihr Notizbuch haben soll (hier: 10 × 10 cm), skizzieren Sie Ihr Motiv, und bereiten Sie die Druckplatte(n) vor.
2. Zeichnen Sie die Umrisse des aufgeklappten Umschlags (hier: 20 × 10 cm) auf ein Stück Folie, und markieren Sie die Mitte, damit Sie Vorder- und Rückseite unterscheiden können (siehe Foto).
3. Kleben Sie die Platte(n) auf die Folie; das Covermotiv auf die linke Seite.

PRÄGEN

4. Schneiden Sie das Druckpapier für den Umschlag zu (hier: 20 × 10 cm), und feuchten Sie es an.
5. Drehen Sie das angefeuchtete Papier mit der Druckplatte durch die Presse. Den Prägedruck zum Trocknen unter ein schweres Buch legen.
6. Markieren Sie mit einem Falzbein die Mitte des Umschlags.

Technik
Blindprägung

Papier
Umschlag: Büttenkarton, der für Drucke geeignet ist (z. B. «Rosaspina» von Fabriano)
Innenteil: Einfaches Kopierpapier, Recyclingpapier oder farbiges Papier

Materialien und Werkzeuge
Falzbein, Ahle, Heftnadel, Garn, Klammern

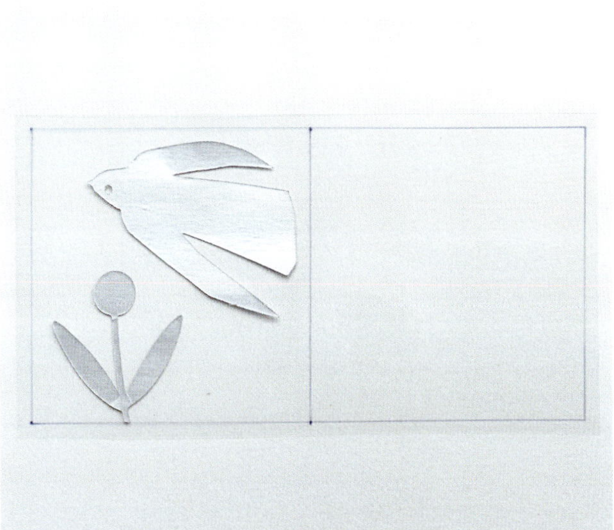

DAS NOTIZBUCH VORBEREITEN

7. Für den Innenteil können Sie einfaches weißes Papier, Recyclingpapier oder farbiges Papier verwenden. Wählen Sie eine Papiersorte, die Ihnen gefällt und gut zum Umschlag passt.

8. Schneiden Sie 8 Bogen Papier in der Größe des Umschlags zu (hier: 20 × 10 cm), und falten Sie die Bogen in der Mitte.

9. Falten Sie die Bogen wieder auf, und legen Sie sie übereinander in den Umschlag. Achten Sie darauf, dass die Kanten passgenau aufeinanderliegen, und befestigen Sie die Blätter mit Klammern.

HEFTEN

10. Markieren Sie im Falz mit einem Bleistift die Mitte, und bringen Sie 2,5 cm oberhalb und 2,5 cm unterhalb davon weitere Markierungen an.

11. Stechen Sie mit einer Ahle an den markierten Punkten durch alle Papierschichten die Heftlöcher vor.

12. Fädeln Sie ein etwa 30 cm langes Stück Garn in eine Heftnadel ein. Sie können Buchbinderzwirn, Stickgarn oder ein dünnes Baumwollgarn verwenden.

13. Stechen Sie die Nadel von außen nach innen durch das mittlere Loch, und lassen Sie das Fadenende etwa 5 cm hängen. Halten Sie es mit einem Finger fest, während Sie mit dem Heften fortfahren.

14. Führen Sie die Nadel durch das obere Loch und ziehen Sie den Faden vorsichtig straff.

15. Stechen Sie durch das untere Loch, sodass der Faden nun wieder im Inneren des Büchleins liegt.

16. Führen Sie die Nadel durch das mittlere Loch wieder nach außen. Bei Bedarf den Faden vorsichtig straff ziehen, ohne dass die Heftlöcher ausreißen. Die Fadenenden verknoten.

17. Bei dieser Heftvariante liegt der Knoten außen. Wenn Sie den Knoten lieber im Inneren des Notizbuchs verstecken möchten, setzen Sie den ersten Heftstich von innen nach außen.

18. Klappen Sie das Notizbuch zu, und streichen Sie mit dem Falzbein den Buchrücken glatt.

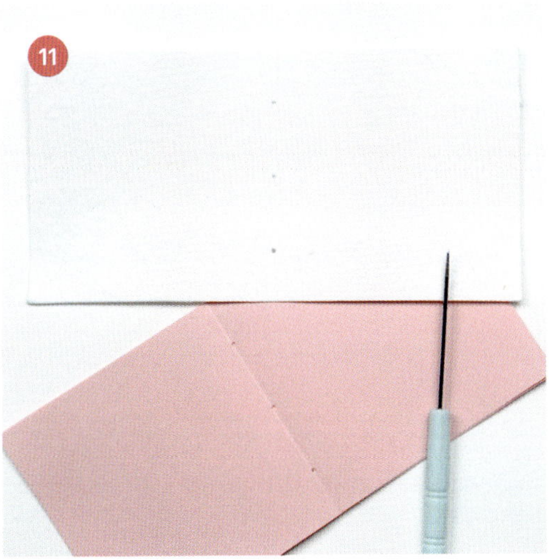
11

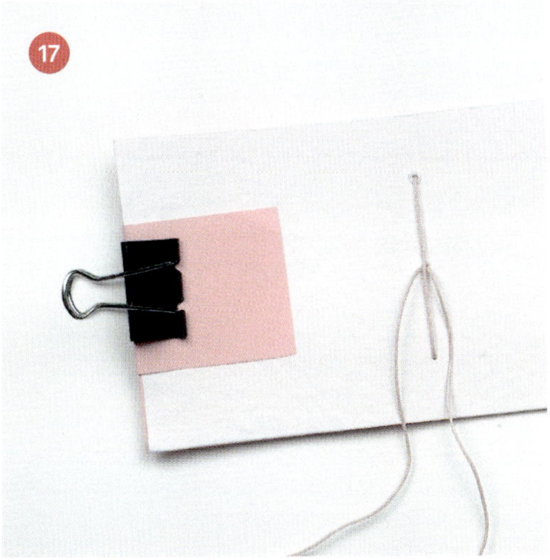
17

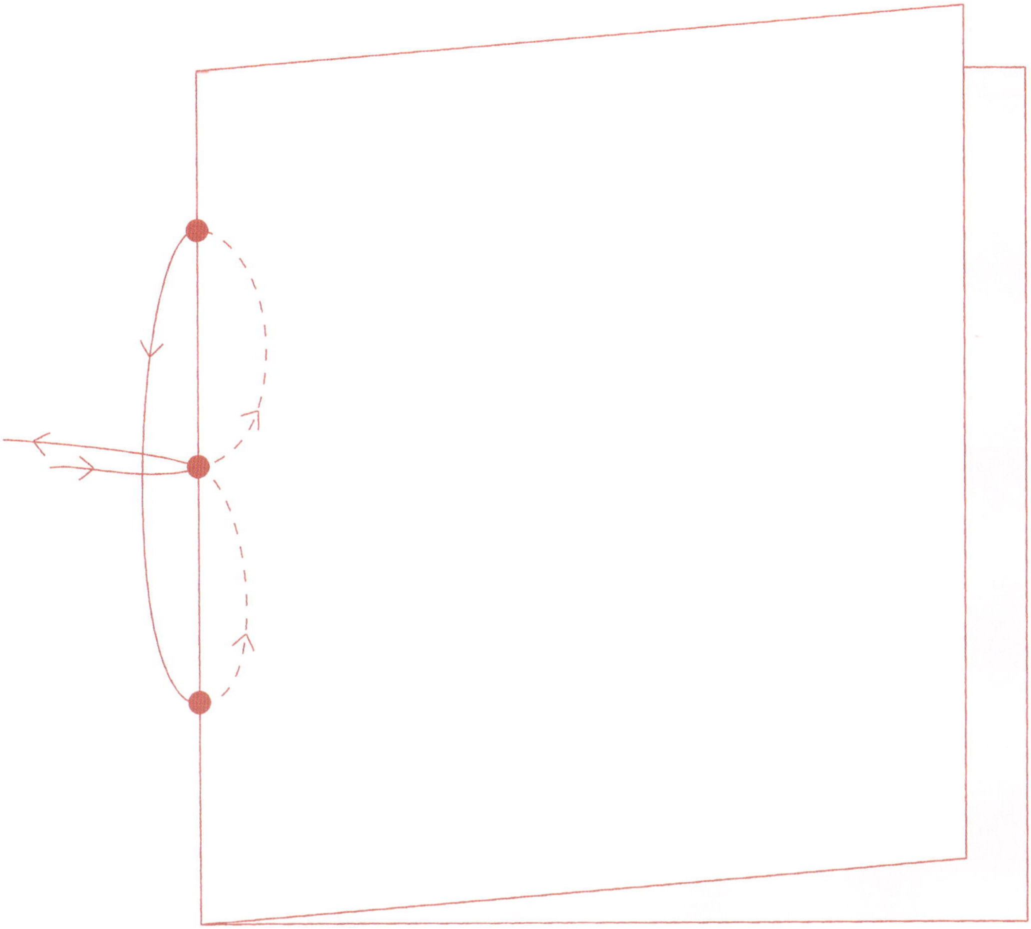

Leporello

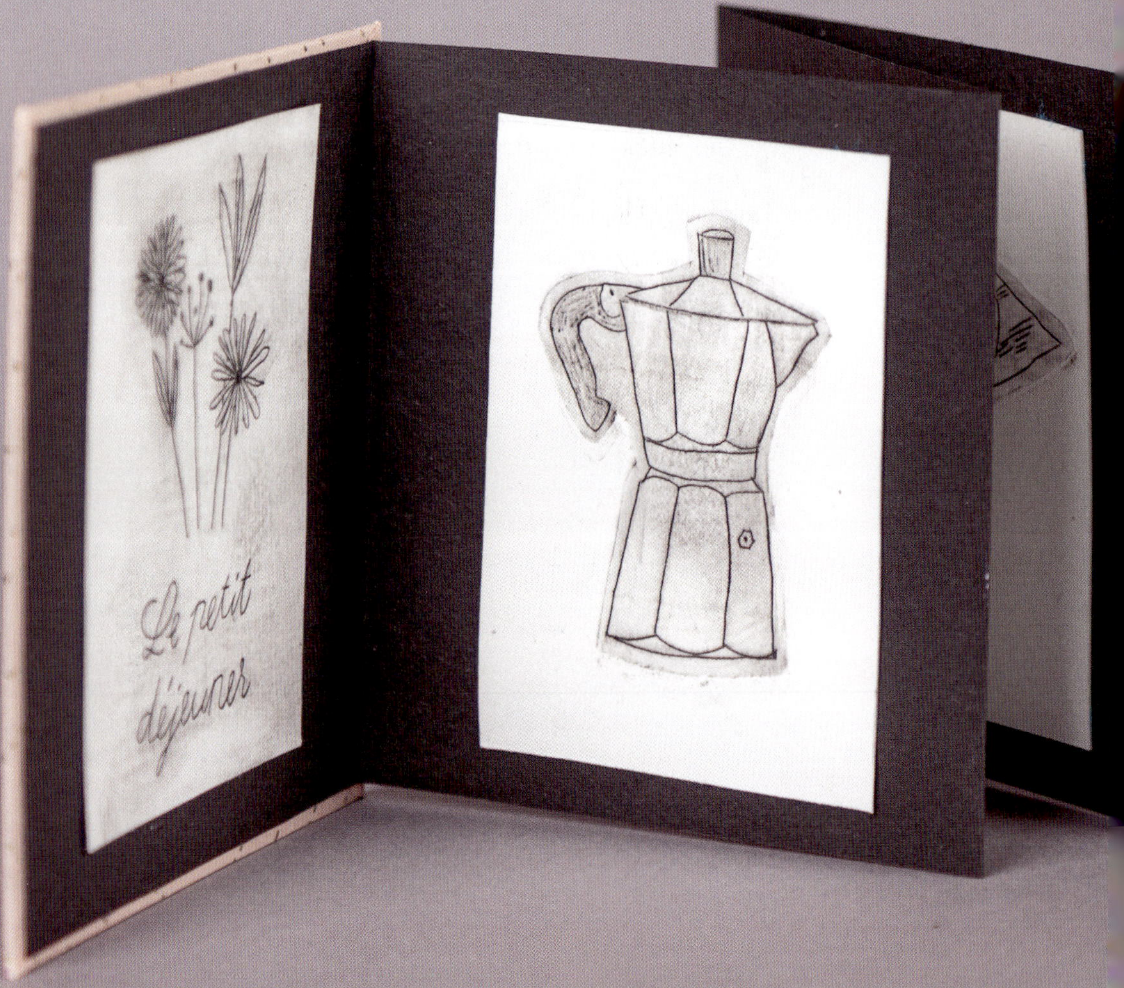

Mit einem Leporello können Sie gleich mehrere Drucke auf ansprechende Weise präsentieren.

Ein Leporello oder Faltbuch ist eine Art Ziehharmonika aus einem einzigen langen Stück Papier. Klappt man es auf, werden die Inhalte sichtbar.

1. Überlegen Sie sich ein geeignetes Format für Ihr Leporello (hier: 10,5 cm × 11 cm), und wählen Sie Abzüge in der passenden Größe aus, oder fertigen Sie neue Drucke an.

2. Berechnen Sie die Maße für das Trägerpapier (hier: 60 × 10,5 cm), und markieren Sie die Falzlinien mithilfe von Lineal und Bleistift. Damit Sie das Leporello später schließen können, muss die Zahl der Felder gerade sein.

Papier

Graupappe, Tonpapier, gemustertes Papier zum Kaschieren des Umschlags

Materialien und Werkzeuge

Lineal, Falzbein, Skalpell, Kleber

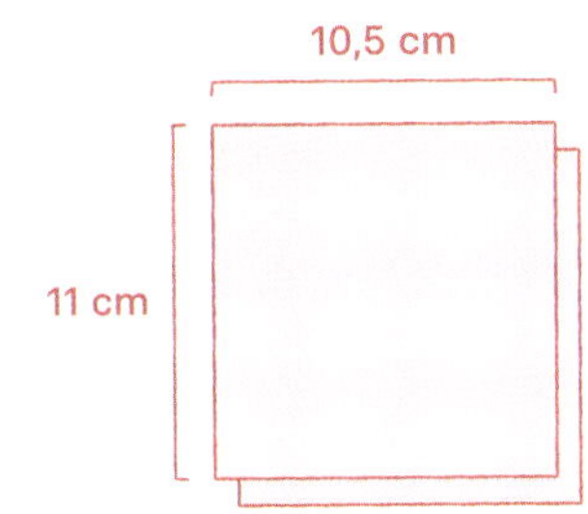

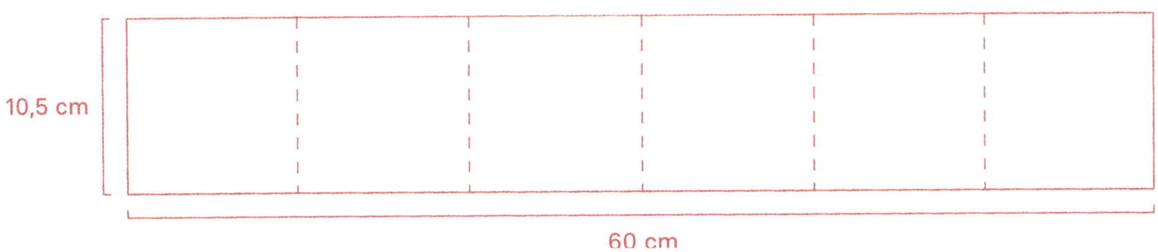

3. Ziehen Sie die Falzlinien mit einem Falzbein nach.

4. Falten Sie die erste Tafel an der Falzlinie nach innen, sodass die Außenkante genau auf die zweite Falzlinie trifft. Arbeiten Sie so exakt wie möglich, damit das Leporello nicht schief wird.

5. Falten Sie die zweite Tafel an der nächsten Falzlinie nach außen. Auf diese Weise fortfahren, sodass eine Art Papierziehharmonika entsteht.

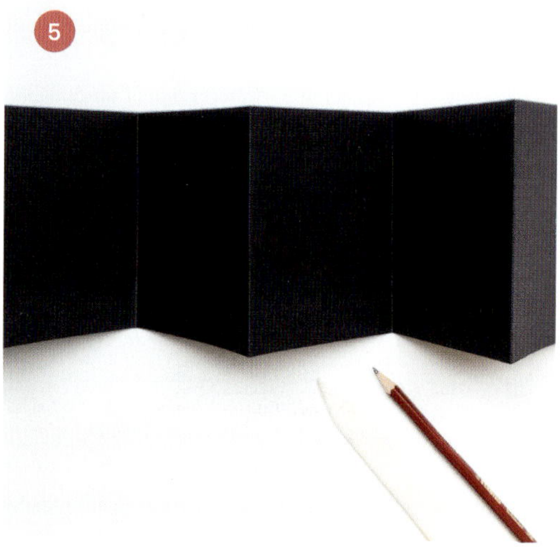

UMSCHLAG

6. Schneiden Sie für die Deckel aus Graupappe zwei Rechtecke oder Quadrate zu, die etwas größer sind als die Tafeln des Leporellos (hier: 10,5 cm × 11 cm).

7. Schneiden Sie zum Einschlagen der Deckel aus einem dekorativen Papier Ihrer Wahl zwei Rechtecke oder Quadrate zu. Für die Laschen rundum 3 cm zugeben. Legen Sie das Papier mit der Rückseite nach oben auf den Tisch.

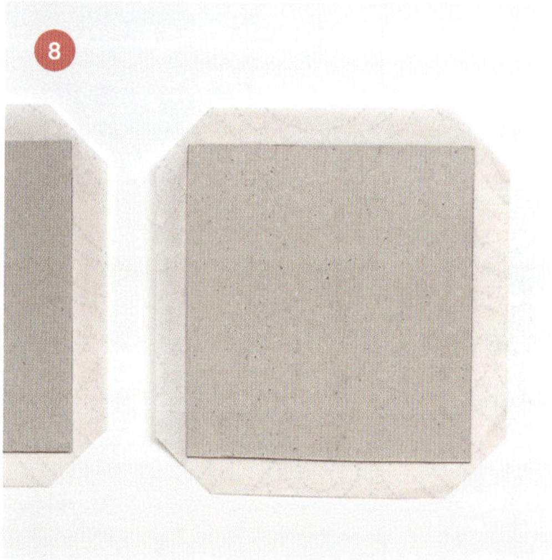

8. Tragen Sie Klebstoff auf das Bezugspapier auf, und legen Sie die Deckel mittig auf. Die Ecken des Umschlagpapiers mit ein, zwei Millimeter Abstand zu den Ecken des Deckels diagonal (im 45-Grad-Winkel) zurückschneiden.

9. Die Laschen um die Kanten der Deckel falten und mit dem Falzbein glatt streichen.

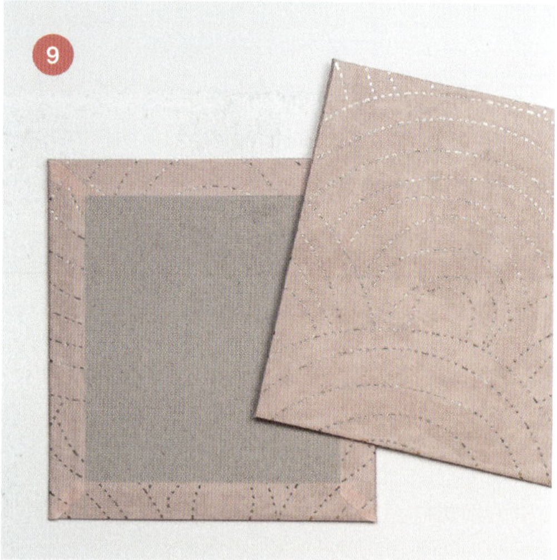

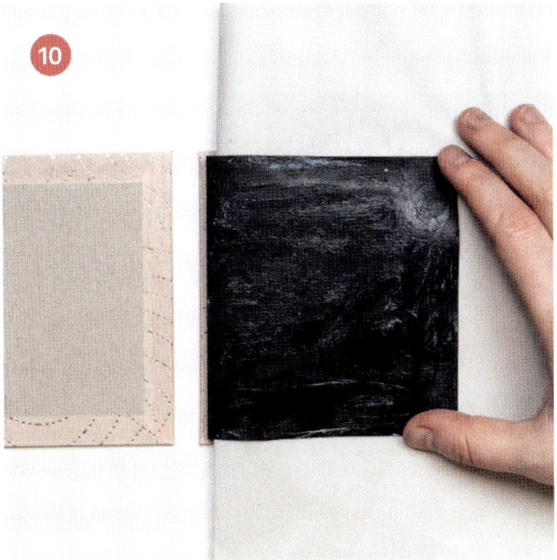

DAS LEPORELLO ZUSAMMENSETZEN

10. Tragen Sie Klebstoff auf die erste Seite des Leporellos auf, und fixieren Sie einen der beiden Deckel. Achten Sie darauf, dass das Leporello genau in der Mitte sitzt. Den Deckel für die Rückseite auf die gleiche Weise befestigen.

11. Bekleben Sie die Tafeln des Leporellos mit Ihren Drucken.

Wenn Sie abenteuerlustig sind, können Sie Ihr Leporello auch als Ganzes drucken und anschließend falten. Dazu benötigen Sie eine Nudelmaschine; da sie keinen Schlitten hat, können Sie die Länge des Druckpapiers frei wählen.

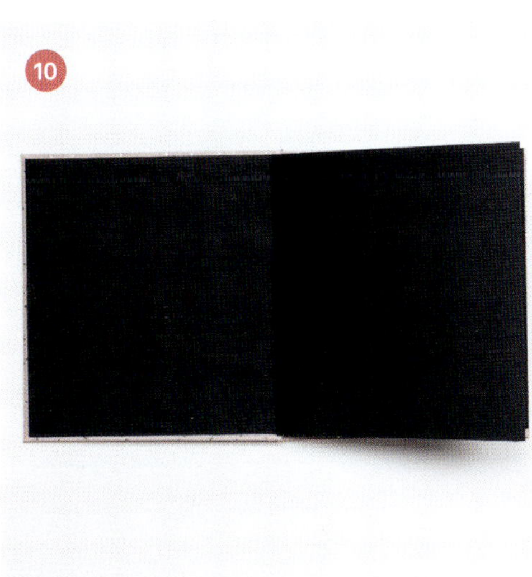

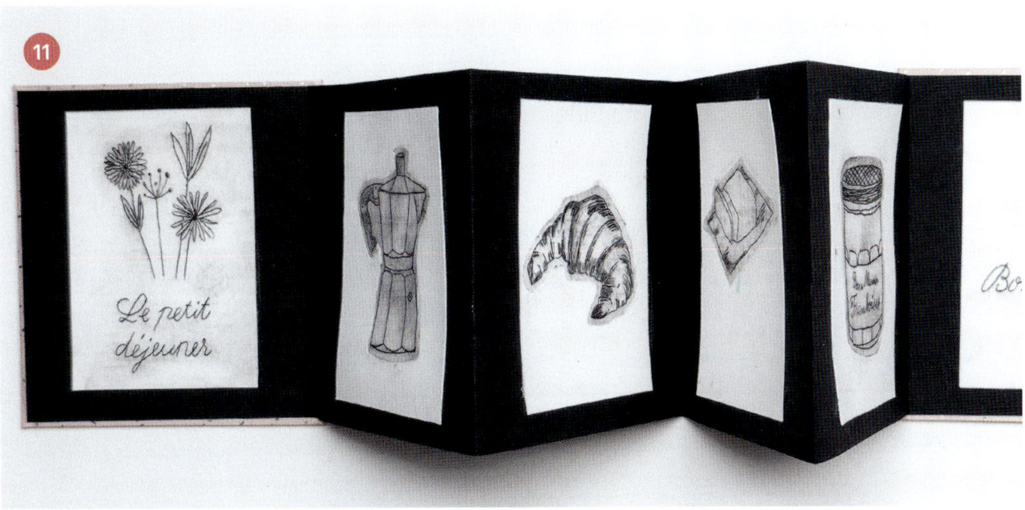

Ein Motiv – zwei Techniken: Kleine Grußkarten

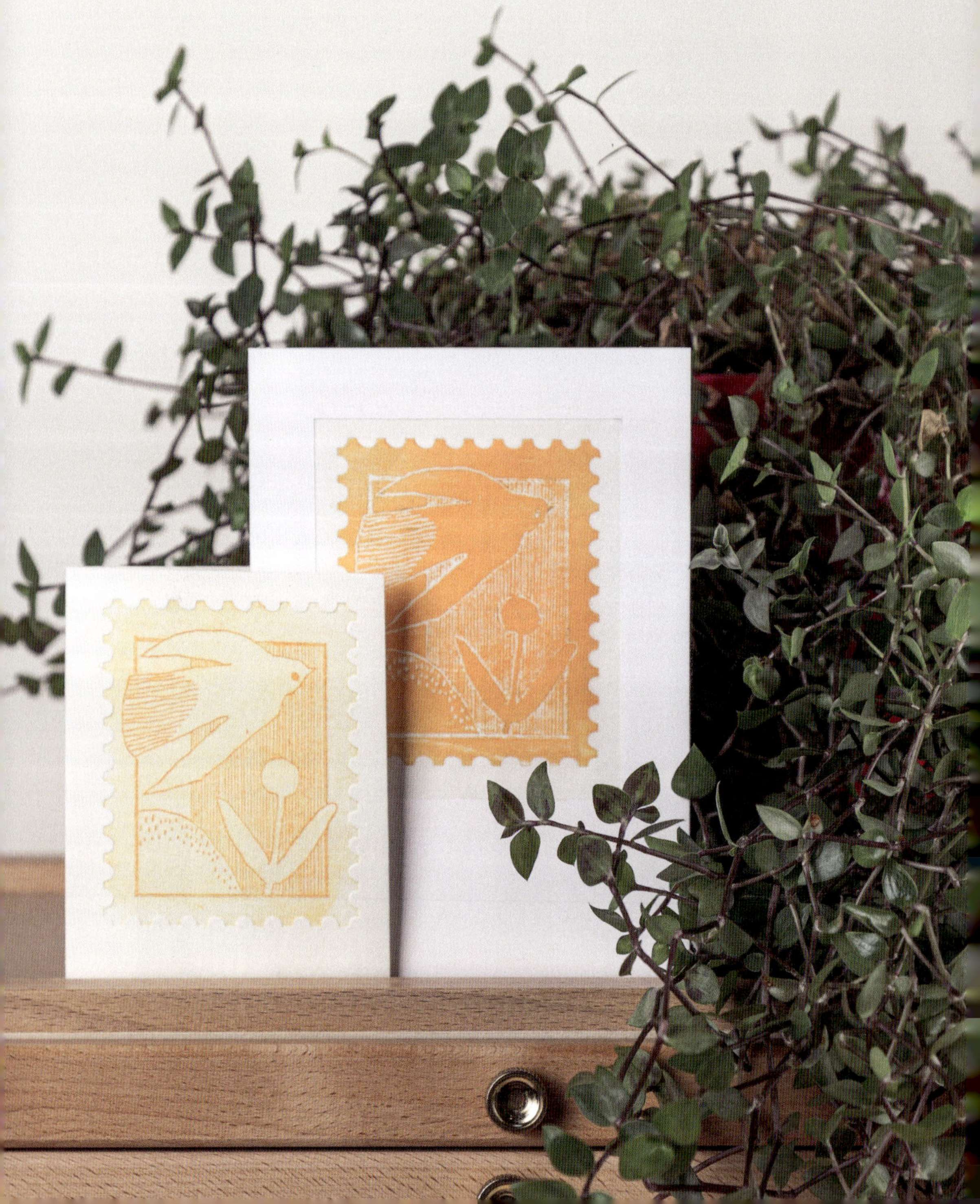

Manche Motive lassen sich sowohl mit Hoch- als auch mit Tiefdruckverfahren wirkungsvoll in Szene setzen.

Bei diesem Projekt wird das Motiv mit der Tiefdrucktechnik auf dickes Papier und mit der Reliefdrucktechnik auf dünnes Papier gedruckt.

KARTE IN TIEFDRUCKTECHNIK

Wenn Sie schweres Papier verwenden, schneiden Sie den Bogen auf das Format der Karte zu (= 2 × die Breite für eine Doppelkarte).

1. Schneiden Sie ein Stück Folie etwas größer als die aufgefaltete Karte zu. Zeichnen Sie mit einem Permanentmarker die Umrisse der aufgefalteten Karte auf die Folie, und markieren Sie die Mitte (Falz).

2. Kleben Sie die Druckplatte auf die Folie, in die linke Hälfte der Umrisszeichnung.

3. Bereiten Sie Ihr Papier vor, tragen Sie die Farbe auf die Platte auf, und drucken Sie Ihren Abzug mit einer Radierpresse.

4. Lassen Sie den Abzug trocknen und falten Sie die Karte in die Mitte.

Technik
Tiefdruck, Hochdruck

Papier
Büttenkarton, der für Drucke geeignet ist (z. B. «Rosaspina» von Fabriano), Japanpapier, Karton (z. B. Tonpapier)

Materialien und Werkzeuge
Skalpell, Falzbein, Klebstoff

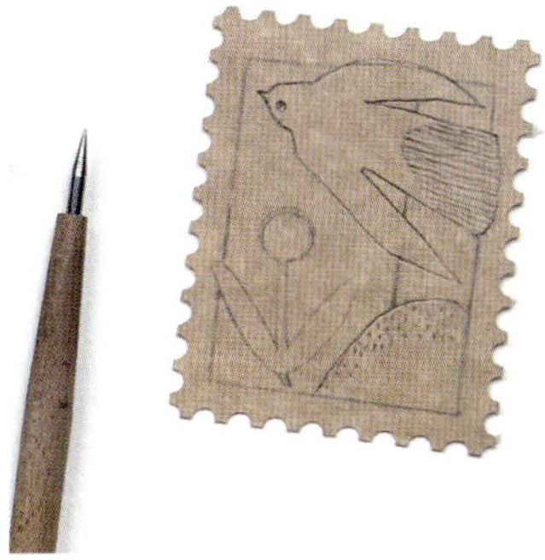

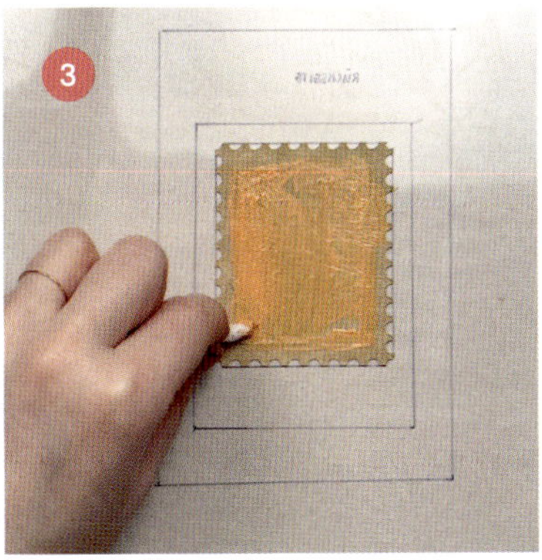
3

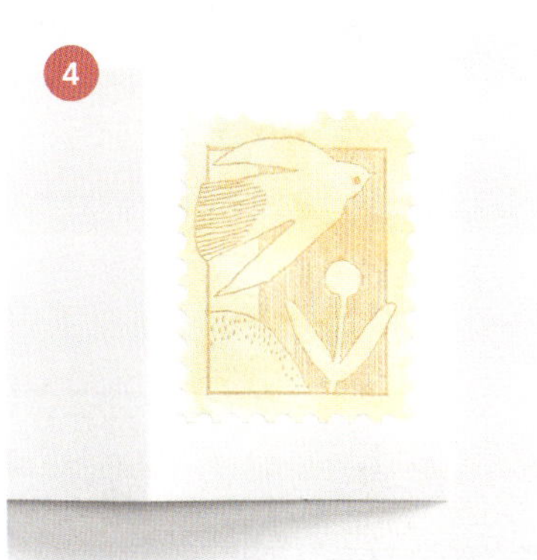
4

KARTE IN HOCHDRUCKTECHNIK

Wenn Sie dünnes Papier verwenden, benötigen Sie ein zusätzliches Trägerpapier, z. B. eine Karte mit Fenster, um Ihr Motiv zu präsentieren.

Die Größe des Druckpapiers können Sie unabhängig von der Größe des Motivs und der Karte frei wählen.

5. Nehmen Sie die gleiche Druckplatte, die Sie für den Tiefdruck vorbereitet haben. Säubern Sie die Platte, sodass keine Farbreste in den Ritzen bleiben.
6. Schneiden Sie das Druckpapier zu.
7. Tragen Sie die Farbe mit der Farbwalze auf die Druckplatte auf.
8. Legen Sie das Druckpapier vorsichtig auf die Druckplatte, und drucken Sie von Hand oder mit einer Presse.

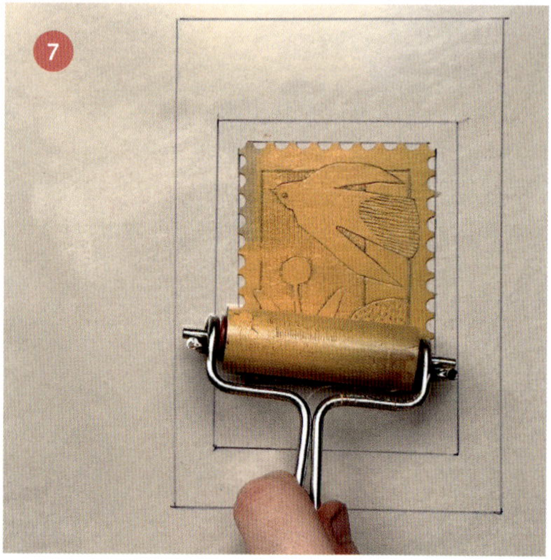

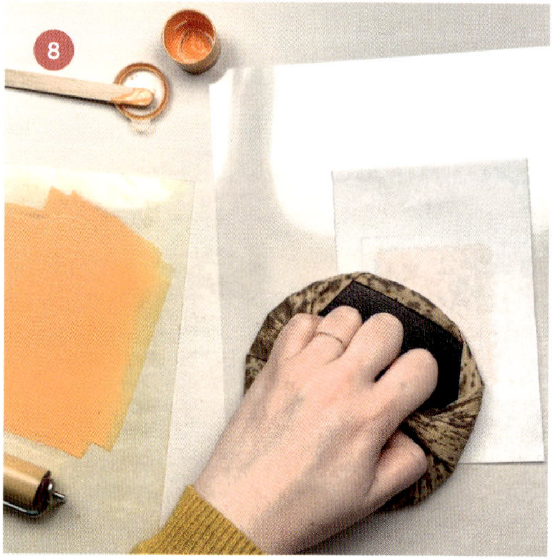

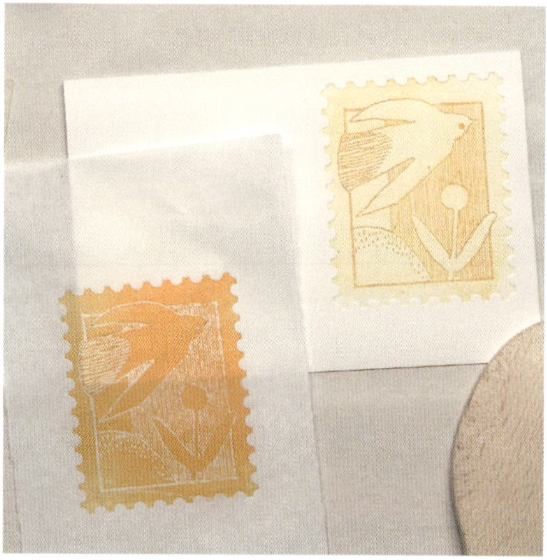

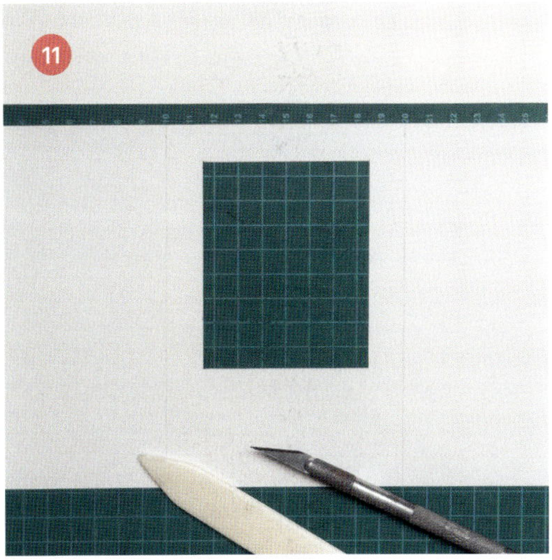

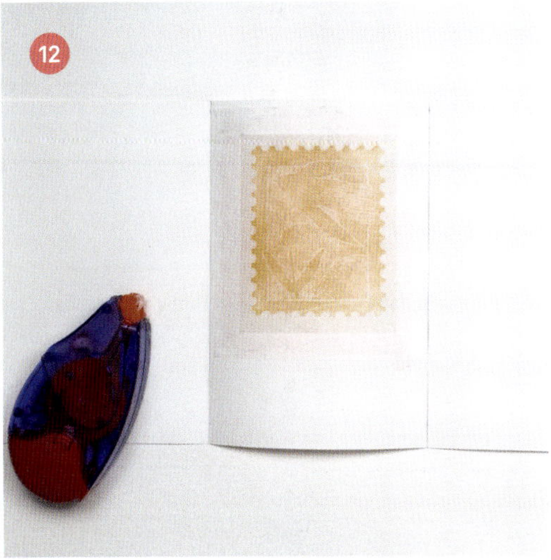

KARTE MIT FENSTER

9. Legen Sie die Maße für die Karte fest. Sie sollte mindestens 1,5 cm breiter und länger sein als der Abzug.

10. Schneiden Sie ein Stück Fotokarton in der 3-fachen Breite der gefalteten Karte zu. Markieren Sie die Drittel, und ziehen Sie mit einem Falzbein die Falzlinien nach (siehe Zeichnung unten).

11. Schneiden Sie aus dem mittleren Segment ein Fenster in der gewünschten Position und Form aus dem Karton. Es muss kleiner sein als der Abzug.

12. Tragen Sie Klebstoff auf die Ränder des Fensters auf, und kleben Sie den Druck mit der Rückseite nach oben auf.

13. Falten Sie das linke Segment um, und kleben Sie es fest, um die Vorderseite zu verschließen. Jetzt müssen Sie nur noch das rechte Segment umklappen, und die Karte ist fertig.

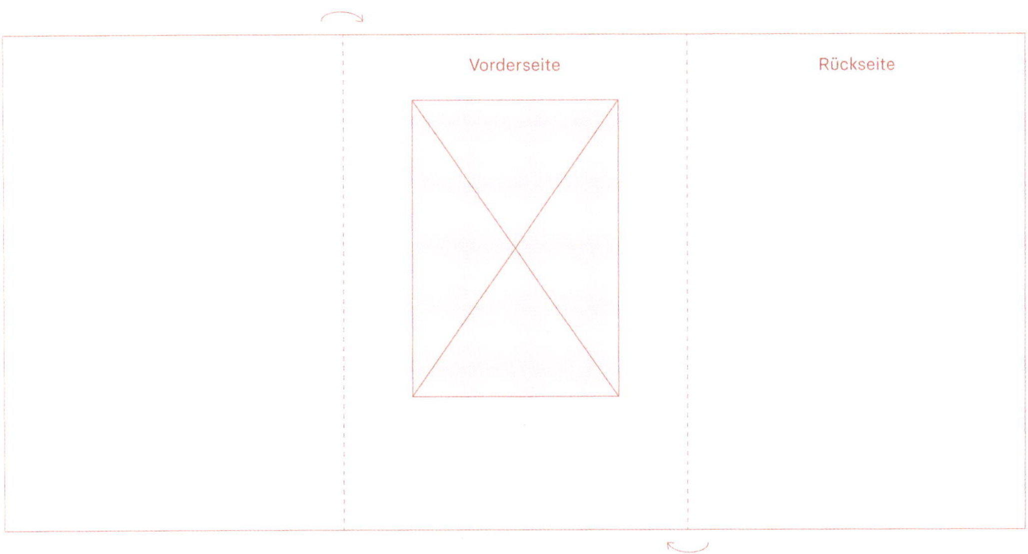

Stadtlandschaft in Mischtechnik

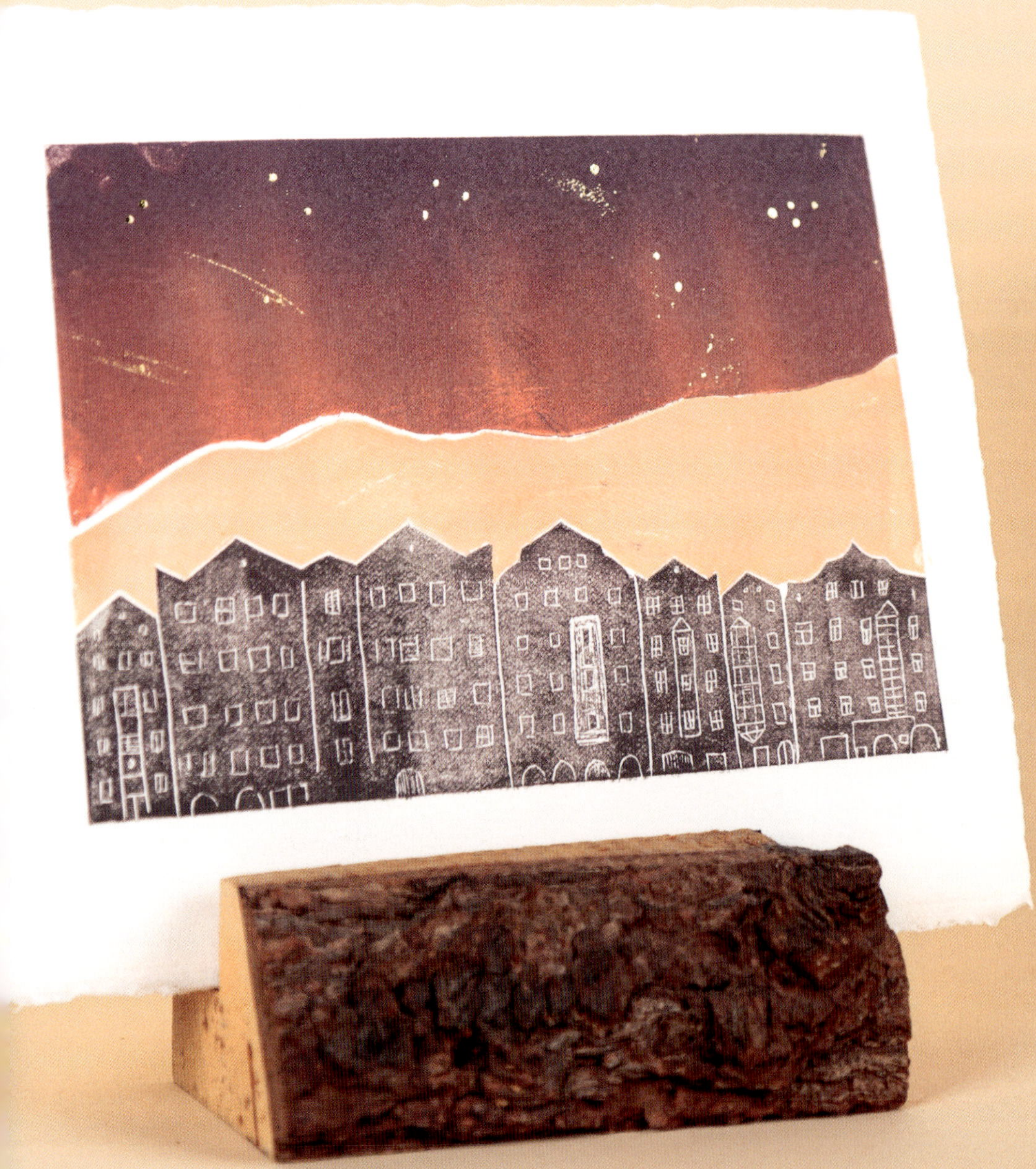

Der Milchkartondruck bietet die Möglichkeit, bei einem Projekt mehrere Drucktechniken zu kombinieren.

Als Beispiel dient eine Stadtlandschaft.
Es handelt sich um einen Puzzledruck mit folgenden Teilen:

— **Himmel:**
Reliefdruck mit Farbverlauf

— **Berge:**
einfarbiger Reliefdruck

— **Häuser:**
Reliefdruck von einer gravierten Platte

— **Sternenhimmel:**
Blattgold

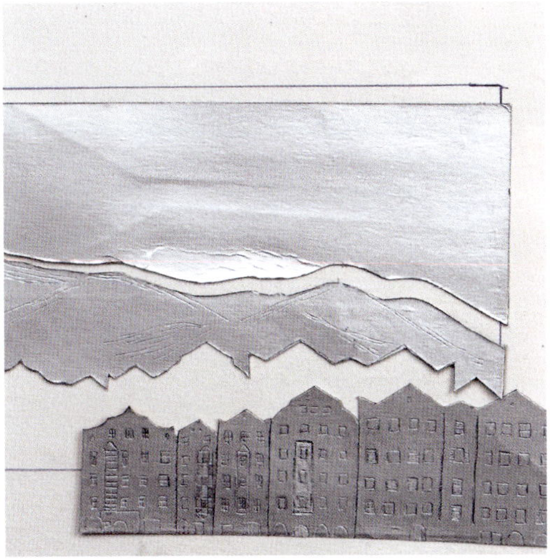

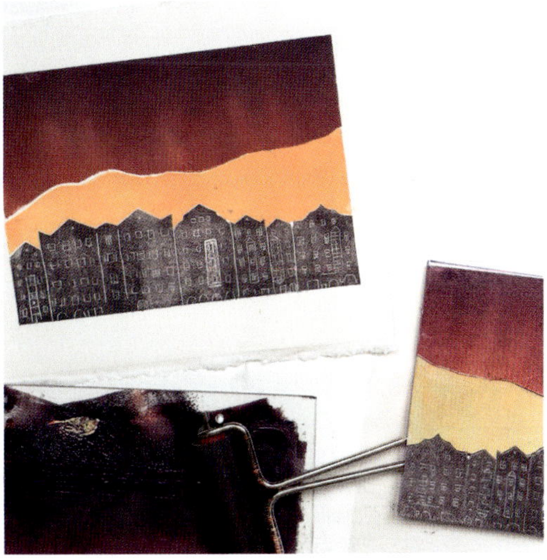

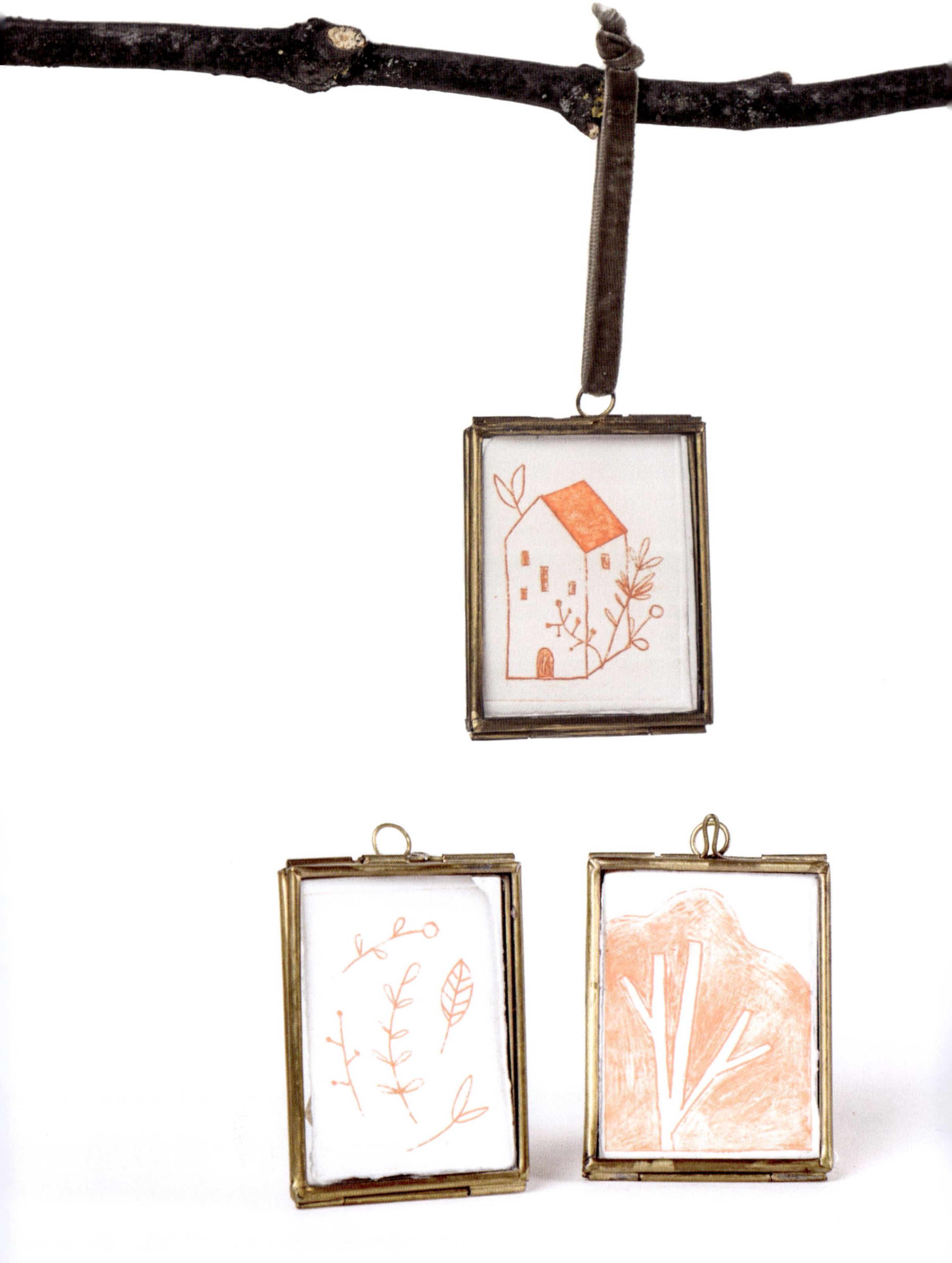

Miniaturbilder

Auch mit einer kleinen Presse können Sie wunderschöne kleine Kunstwerke schaffen.

Kleine Pressen wie die Open Press funktionieren genauso wie traditionelle Druckpressen.

Die Größe der Abzüge und damit auch die Verwendungsmöglichkeiten sind allerdings begrenzt. Als Projekte bieten sich z. B. Miniaturdrucke zu Dekorationszwecken oder Bilder für Puppenhäuser an.

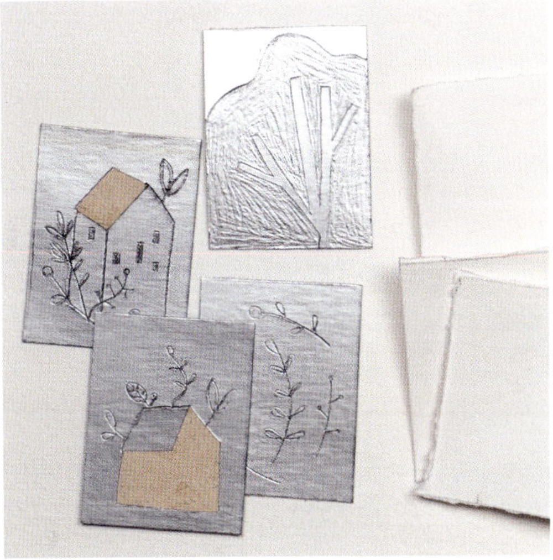

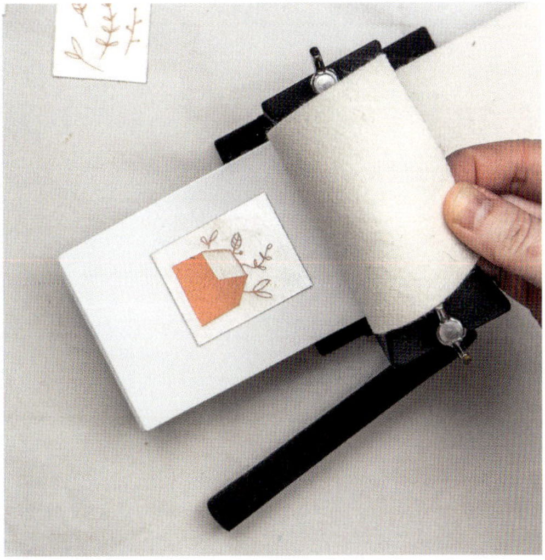

Galerie

Immer mehr experimentierfreudige Künstler:innen interessieren sich für die Milchkarton-Drucktechnik und präsentieren ihre Werke öffentlich.

Druckgrafiker:innen sind oft gerne bereit, ihr Wissen zu teilen und sich auszutauschen. Ich habe mit einigen von ihnen, die ich sehr schätze, über die Milchkarton-Drucktechnik gesprochen. Im Folgenden erhalten Sie einen kleinen Einblick in ihre Arbeitsweise – und ein paar Tipps, die ich an Sie weitergeben darf.

Isabelle Biquet

Isabelle Biquet ist eine Künstlerin und Druckgrafikerin aus Belgien, die einen großen Beitrag zur Verbreitung der Milchkarton-Drucktechnik geleistet hat.

Nachdem sie 2014 davon gehört hatte, aber im Internet keine Informationen dazu fand, begann sie, noch während sie an der Kunstschule von Braine-l'Alleud die traditionelle Technik der Radierung erlernte, mit Tetra-Pak®-Platten zu experimentieren.

Ihr Ziel war es, ein günstiges und unkompliziertes Material zu finden, das spontaneres Arbeiten erlaubte als die traditionellen, relativ komplizierten Radiertechniken.

Sie war schnell von den Möglichkeiten der Milchkartontechnik begeistert und teilte ihre Erkenntnisse mit Lehrenden und Studienkolleg:innen, die ebenfalls neugierig wurden und die Technik ausprobieren wollten. Das ging so weit, dass Isabelle den Spitznamen «Miss Tetra Pak» erhielt.

Isabelle dokumentierte ihre Experimente und veröffentlichte ihre Drucke auf ihrer Website.

www.isabellebiquet.over-blog.com
www.instagram.com/isabellebiquet

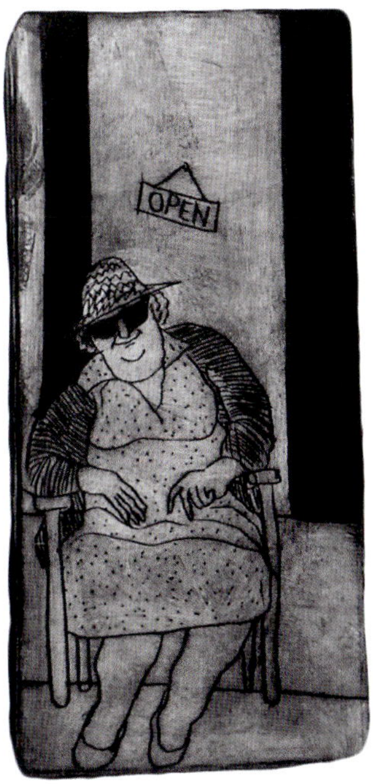

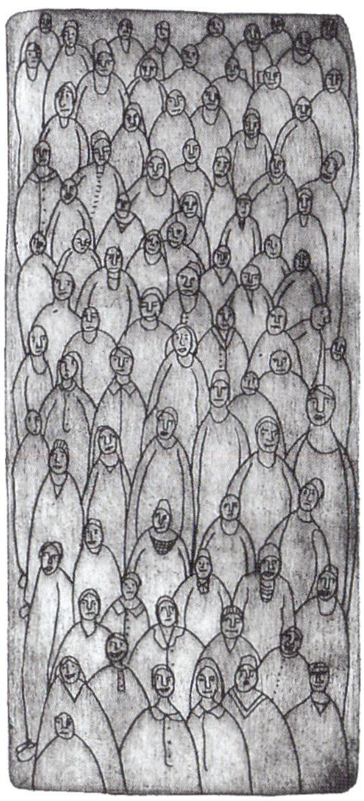

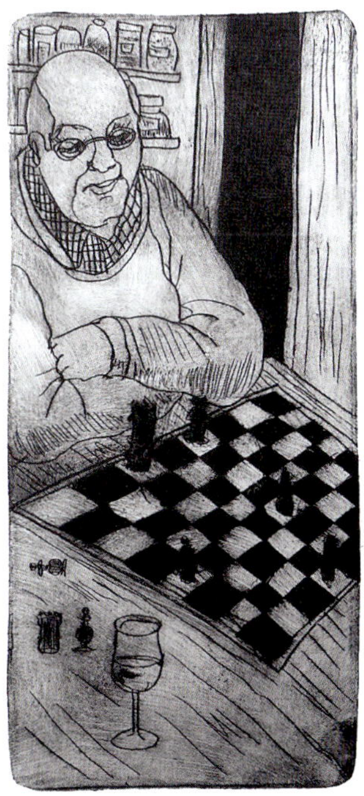

Marian Haf

Marian Haf ist eine walisische Malerin und Druckgrafikerin. Die Druckgrafik hat sie sich selbst beigebracht.

Nach der Geburt ihres ersten Kindes schloss sie sich einem Verein an, in dem sie verschiedene Drucktechniken erkundete, darunter auch ihre Haupttechnik, die Collagrafie.

Das Wort «Collagrafie» setzt sich aus den Begriffen «Collage» und «Grafik» zusammen. Zur Herstellung der Druckplatten werden verschiedene Materialien auf einen Träger geklebt. Marian arbeitet gerne mit recycelten Werkstoffen und ungewöhnlichen Gravierwerkzeugen.

Auf die Milchkarton-Drucktechnik greift sie hauptsächlich bei Einführungsworkshops für Erwachsene und Kinder zurück.

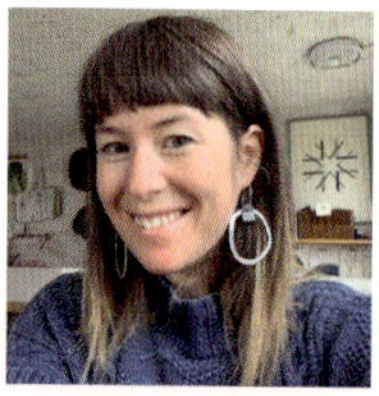

Marians Tipp:
Drucken ist ähnlich wie Pfannkuchen backen – das erste Exemplar gelingt meistens nicht. Lassen Sie sich davon nicht abschrecken, lernen Sie aus Ihren Fehlern, und probieren Sie weiter!

www.instagram.com/marianhaf
www.etsy.com/shop/MarianHaf

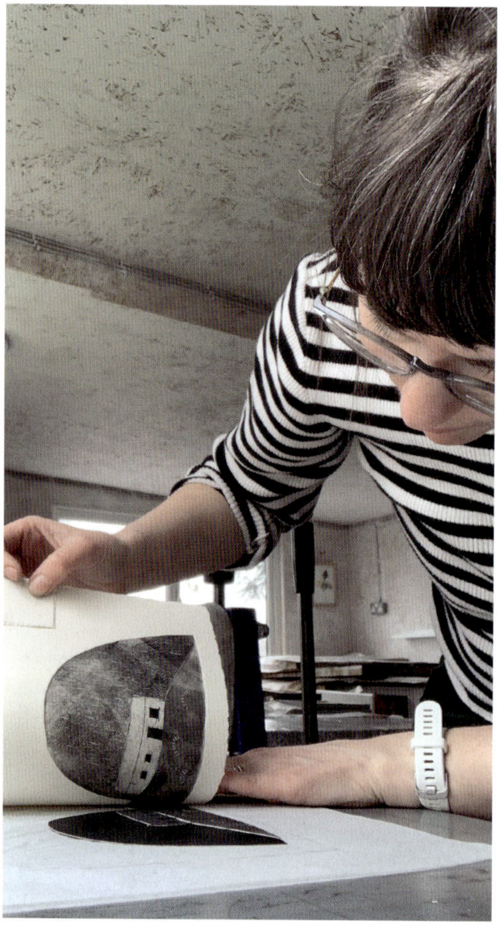

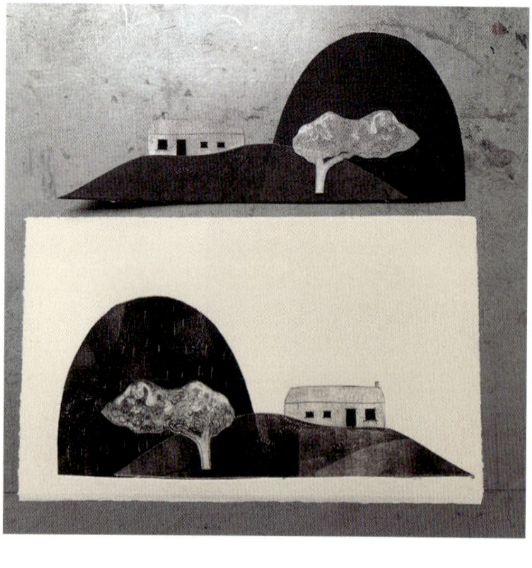

Juliana Neild

Juliana Neild stammt aus Australien. Sie verliebte sich in die Druckgrafik, als sie in der Schule einen Kunstkurs besuchte, und ist ihr bis heute verfallen.

Julianas Lieblingsmotive sind Gebäude und Straßenlandschaften; ihre Drucke sind sehr detailliert und voller Texturen. Sie verwendet für ihre Druckplatten oft komplette Getränkekartons und integriert die Falzkanten in ihre Kompositionen.

Ihr ist es wichtig, in ihrer Kunst nachhaltig und umweltfreundlich zu arbeiten. Die eingesetzten Werkstoffe sollen in einem Zusammenhang mit den Botschaften stehen, die sie vermitteln möchte.

Besonders interessant findet Juliana die Texturen, die sich mit der Milchkartontechnik erzielen lassen. Da die Platte beim Drucken nach und nach verschleißt, sieht jeder Abzug ein wenig anders aus.

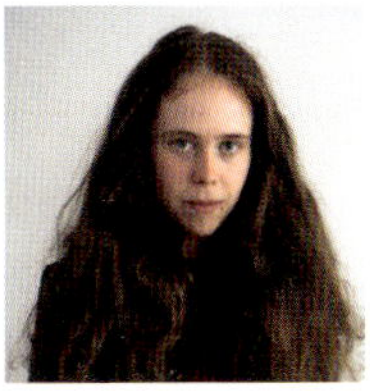

Julianas Tipp:
Es gibt verschiedene Ebenen der Druckgrafik – das Spektrum reicht von der reinen Freude am Prozess bis hin zur künstlerischen Aussage, dem Erzählen einer Geschichte. Überlegen Sie, welche Art von Geschichte Sie mit Ihrer Kunst erzählen möchten, und finden Sie eine Schnittmenge zwischen Technik und künstlerischem Konzept.

instagram.com/juliprintstudio

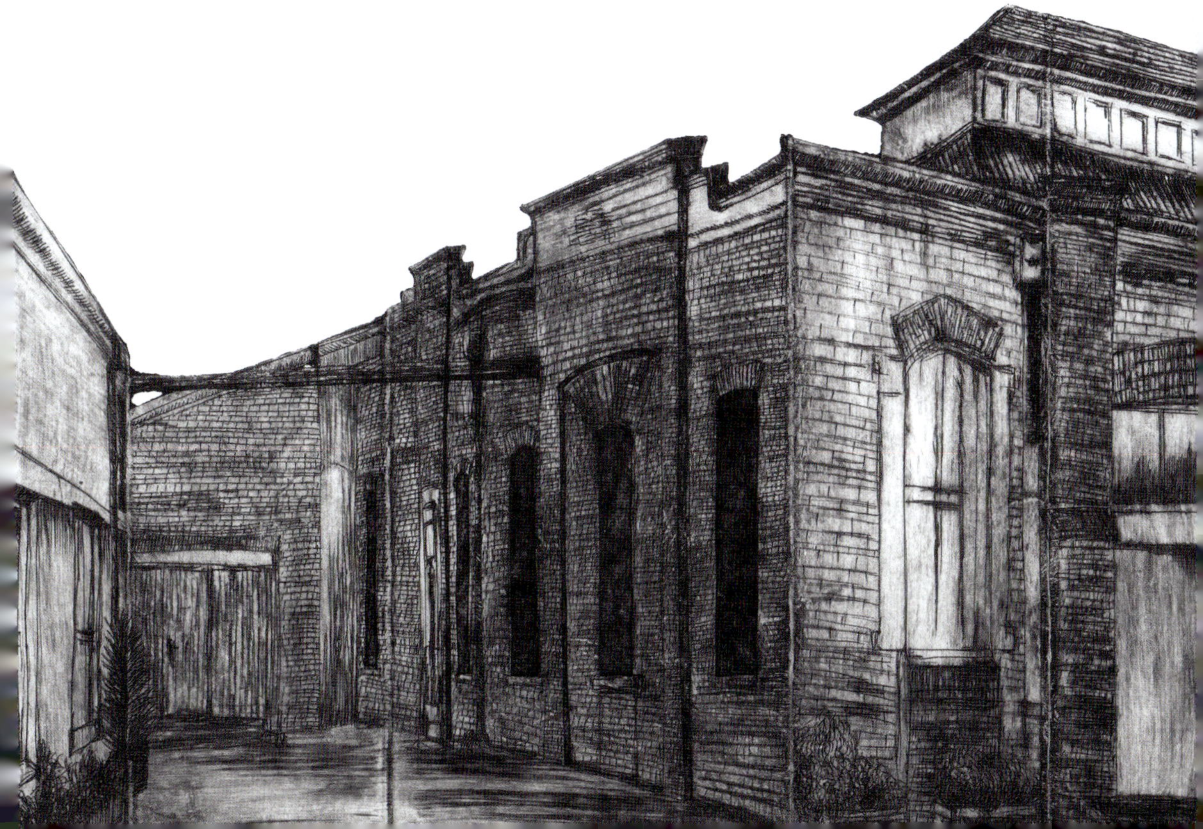

Lisa Stubbs

Lisa Stubbs stammt aus West Yorkshire in England. Sie arbeitet als Druckgrafikerin und Illustratorin und vermittelt Kindern und Erwachsenen in ihren Workshops kreative (Druck-) Techniken.

Sie lässt sich von ihrer Umgebung inspirieren und probiert gerne aus, was sich mit Drucktechniken erreichen lässt. An ihren expressiven, farbenfrohen Drucken kann man das gut sehen.

Lisa probierte die Milchkarton-Drucktechnik während des ersten Corona-Lockdowns erstmals aus und war sofort begeistert. Das Ausgangsmaterial war einfach zu beschaffen, und die Technik ließ sich spielerisch erlernen, was sie als befreiend empfand.

Besonders spannend findet Lisa die Vielseitigkeit des Milchkartondrucks: Es gibt viele Möglichkeiten, mit den Kartons zu arbeiten und die fertigen Drucke zu veredeln. Durch Experimentieren kommt sie immer wieder auf neue Ideen.

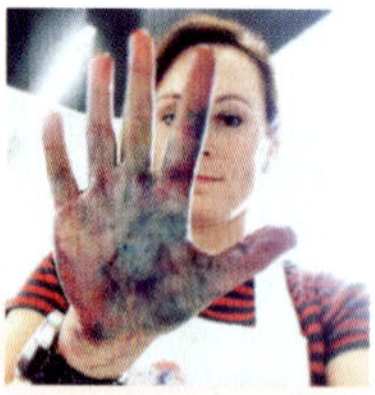

Lisas Tipp:

Gehen Sie spielerisch an die Sache heran, und seien Sie neugierig. Versuchen Sie nicht, ein perfektes Ergebnis zu erzielen, dann werden viele «glückliche Unfälle» passieren, die zu neuen Entdeckungen führen.

www.etsy.com/shop/LilSonnySky
www.instagram.com/lisastubbs5

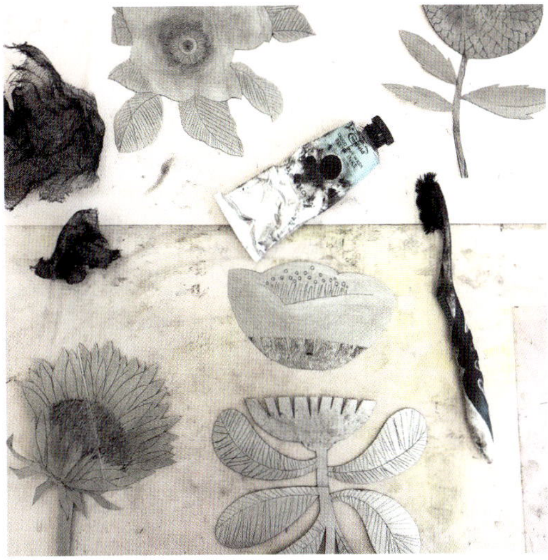

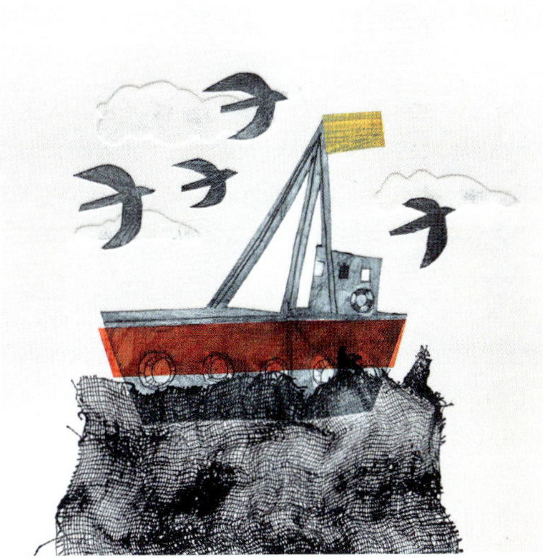

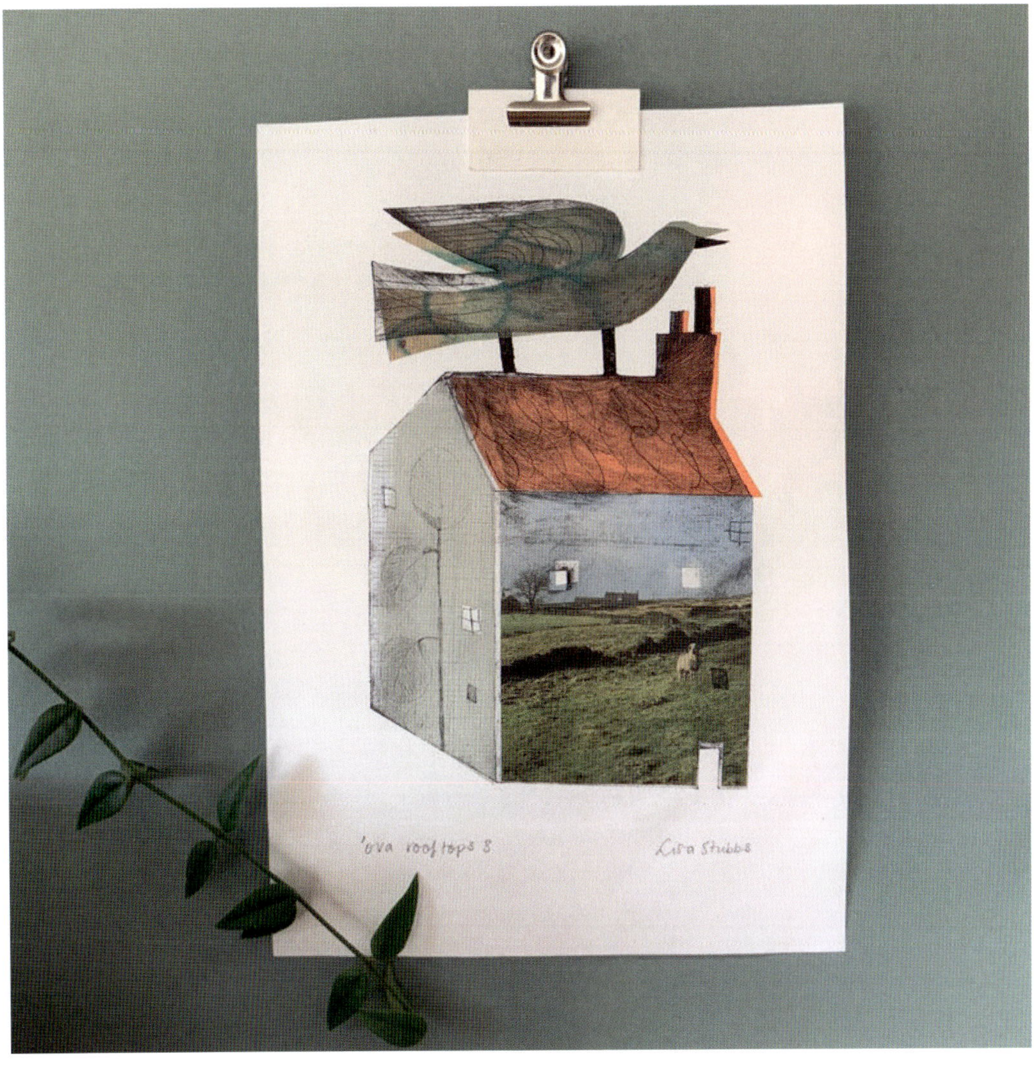
Lisa Stubbs

Troubleshooting

Auch wenn Sie sehr sorgfältig arbeiten, können Fehler passieren, vor allem, wenn viele Arbeitsschritte aufeinanderfolgen. Manche Fehler werden zu überraschenden Ergebnissen führen und sich im Nachhinein als glückliche Zufälle entpuppen, andere hingegen sind nicht wiedergutzumachen.

Nachfolgend finden Sie eine Auflistung der häufigsten Probleme beim Milchkartondruck und Ideen zur Rettung und Wiederverwendung misslungener Drucke.

Problem	**Grund**	**Lösung**
Das Motiv (z. B. ein Text) erscheint auf dem Abdruck seitenverkehrt.	Das Motiv wurde nicht spiegelverkehrt in die Druckplatte graviert.	Eine neue Druckplatte herstellen.
Der Druck erscheint blass (Tiefdruckverfahren).	Die Druckplatte wurde nicht richtig eingefärbt, oder es wurde zu viel Farbe aus den Rillen gewischt.	Färben Sie die Druckplatte richtig ein, und/oder wischen Sie überschüssige Farbe flächig weg, ohne sie aus den Vertiefungen zu reiben.
	Das Papier wurde nicht genug oder gar nicht angefeuchtet.	Das Papier (besser) anfeuchten.
	Beim Drucken wurde nicht genug Druck ausgeübt.	Stellen Sie bei Ihrer Druckpresse einen höheren Anpressdruck ein.
Der Druck erscheint zu dunkel (Tiefdruckverfahren).	Zu viel Plattenton (siehe S. 49).	Wischen Sie die Druckplatte fester und/oder sorgfältiger ab.
Die Druckplatte klebt auf dem Papier, und/oder das Papier reißt.	Der Klebstoff, der verwendet wurde, um die Rückwand auf die Druckplatte zu kleben, ist unter der Platte hervorgequollen.	Tragen Sie den Klebstoff sparsamer auf, oder verwenden Sie einen trockenen Klebstoff (z. B. einen Kleberoller).

Das Druckpapier ist fleckig.	Der Schlitten der Druckpresse ist nicht sauber.	Reinigen Sie den Schlitten vor dem Drucken gründlich, und legen Sie immer sauberes Makulaturpapier oder Packseide unter die Druckplatte und zwischen das Druckpapier und die Filzmatte.
	Sie haben das Papier mit schmutzigen Fingern angefasst.	Greifen Sie das Druckpapier nie direkt mit den Fingern, sondern immer mit (selbst gebastelten) Klemmen.
Die Druckfarbe ist ausgeblutet.	Das Papier war zu nass.	Tupfen Sie das Papier besser ab, und drucken Sie das Motiv noch einmal.
		Retten Sie die gelungenen Teile, und denken Sie sich eine neue Verwendung dafür aus.
Auf dem Abzug sind die Kanten der Druckplatte als Schmutzränder sichtbar.	Es ist Druckfarbe unter die Druckplatte gelaufen und bei hohem Anpressdruck darunter hervorgequollen.	Stellen Sie sicher, dass keine Druckfarbe zwischen die Druckplatte und die Rückwand laufen kann.
	Die Ränder der Druckplatte waren mit Farbe verschmutzt.	Wischen Sie die Kanten der Druckplatte vor dem Drucken mit einem Tuch ab.
Der Druck entspricht nicht Ihren Erwartungen.	Vielleicht waren Ihre Erwartungen zu hoch.	Lassen Sie den Abzug liegen, und betrachten Sie ihn ein paar Tage später noch einmal. Mit etwas Distanz kommen Sie vielleicht zu einem anderen Urteil.
		Wenn Sie den Druck nach ein paar Tagen immer noch für misslungen halten, probieren Sie ein anderes Motiv aus. Lassen Sie sich auf keinen Fall entmutigen!

Glossar

À la poupée Technik, bei der die Druckfarbe mit einem weichen Tupfer oder Wattestäbchen auf eine Tiefdruckplatte aufgetragen wird.

A.P. (Artist's Proof) Abzüge einer Auflage, die im Besitz des Künstlers oder der Künstlerin bleiben (maximal 10 % der Auflage).

Archivpapier Alterungsbeständiges Papier, das sich für die langfristige Aufbewahrung von Dokumenten eignet.

Ätzradierung Tiefdrucktechnik, bei der das Motiv zunächst in eine auf eine Metallplatte aufgebrachte Schicht (den Ätzgrund) geritzt und dann mithilfe einer Ätzflüssigkeit eingeätzt wird.

Auflage Anzahl der Abzüge, die von ein und demselben Druckstock hergestellt werden.

Baren Handreiber für den Reliefdruck. Nach dem Auflegen des Druckpapiers auf den Druckstock wird das Papier gleichmäßig mit dem Baren abgerieben.

Blindprägung Das Einpressen von Motiven oder Schrift ohne Farbe beim Reliefdruck.

Chine-collé Collagetechnik, bei der dünnes Papier auf die eingefärbte Druckplatte gelegt und auf das Druckpapier gepresst wird.

Druck Übertragen eines Motivs von einer Druckplatte auf Papier oder einen sonstigen Druckträger.

Druckfilz Filzmatte, die beim Drucken mit der Radierpresse auf das Druckpapier gelegt wird. Das Druckbild wird dadurch gleichmäßiger.

Druckplatte, Druckstock, Druckform Material (beim Milchkartondruck Milch- oder Saftkartons), mit dem der Druck erzeugt wird.

Druckträger, Bedruckstoff Das Material (z. B. Papier oder Stoff), das bedruckt wird.

Durchdruck Drucktechnik, bei der Farbe durch den Druckstock auf den Druckträger übertragen wird.

E.V. (Edition variable) Druckauflage, bei der jedes Exemplar unterschiedliche Details aufweisen kann.

Farbauszug Teile eines Bildes, die beim Mehrfarbendruck in einer Farbe gedruckt werden.

Farbwalze Werkzeug zum Ausrollen und Auftragen der Druckfarbe auf die Druckplatte.

Flachdruck Drucktechnik, bei der die zu druckenden Stellen und die nicht zu druckenden Stellen auf der gleichen Ebene liegen.

Hadernanteil Anteil an Textilfasern (v. a. Baumwolle) im Druckpapier.

Handhebelpresse Presse, deren Presskraft mithilfe eines Hebels erzeugt wird. Kommt bei Hochdruckverfahren zum Einsatz.

Hochdruck Drucktechnik, bei der alle nicht zu druckenden Teile aus der Druckplatte herausgeschnitten werden. Nur die erhabenen Teile werden gedruckt.

Kaltnadelradierung Tiefdrucktechnik, bei der das Motiv mit einer Radiernadel direkt in eine Metallplatte geritzt wird.

Löschpapier Saugfähiges Papier zum Aufnehmen überschüssiger Feuchtigkeit.

Makulaturpapier Umgangssprachlich Schmierpapier, das z. B. für Probedrucke verwendet werden kann.

Passer Ausrichtungshilfen für die genaue Positionierung der Druckplatte.

Plattenton Farbreste, die beim Abwischen einer für den Tiefdruck vorbereiteten Druckplatte zurückbleiben.

Probedruck Erster Abzug zur Überprüfung des Druckbilds.

Puzzledruck Verfahren beim Mehrfarbendruck, für das die Druckplatte in mehrere Teile geschnitten wird. Die «Puzzleteile» werden einzeln eingefärbt und vor dem Drucken wieder zusammengefügt.

Radiernadel Werkzeug zum Ritzen oder Gravieren von Linien in eine Druckplatte.

Radierpresse Druckpresse mit Walzen, die für den Tiefdruck benötigt wird.

Radierung Tiefdruckverfahren, für das die Druckplatte entweder geätzt (Ätzradierung) oder graviert (Kaltnadelradierung) wird.

Roulette Werkzeug mit einem gezähnten Rädchen zum Erzeugen feiner Linien oder Texturen in einer Druckplatte.

Tiefdruck Drucktechnik, bei der die zu druckenden Stellen in die Druckplatte hineingraviert sind.

T.P. (Trial Proof) Probedrucke zur Kontrolle des Druckbilds.

Viskosität Konsistenz der Druckfarbe.

Wischgaze Feines, steifes Gewebe zum Abwischen überschüssiger Druckfarbe von der Druckplatte bei Tiefdruckverfahren.

Zur Autorin

Laura Vidal ist freiberufliche Grafikerin, gestaltet Benutzeroberflächen für Softwareprodukte, beschäftigt sich aber auch mit manuellen Druckverfahren und allem, was mit Papier zu tun hat. Mit der Druckgrafik kam sie zum ersten Mal während ihrer Ausbildung in Berührung – und war davon so begeistert, dass sie einige Verfahren erlernte. Besonders interessant findet sie, dass diese Kunstform an der Schnittstelle zwischen Kunst und Technik angesiedelt ist.
In ihrem Innsbrucker Atelier bietet Laura Vidal unter anderem Kurse zum Drucken mit Milchkartons an.
www.ateliergelb.com

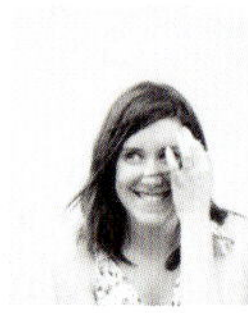

Für Anna und Stefan. Ein großes Dankeschön an alle, die dieses Buch unterstützt haben: Freund:innen, Workshopteilnehmer:innen und die Druckgrafiker:innen, die großzügig ihr Wissen und ihre Erfahrungen mit mir geteilt haben. Ich danke auch dem Team des Haupt-Verlags für sein Vertrauen, seine Kompetenz und die Unterstützung dieses Projekts.

Bezugsquellen

Boesner Versandservice GmbH
www.boesner.com

Gerstaecker –
Versandhandel für Künstlerbedarf
www.gerstaecker.de

Kunstpark –
Künstler- & Zeichenbedarf
Lindenallee 23
44625 Herne
www.kunstpark-shop.de

Open Press Project
www.openpressproject.com

1. Auflage: 2024 (1. Nachdruck)
ISBN 978-3-258-60271-4
Umschlag, Gestaltung und Satz: Laura Vidal
Illustrationen und Fotos: Laura Vidal; Isabelle Biquet (S. 135), Marian Haf (S. 136); Juliana Neild (S. 137); Lisa Stubbs (S. 138/139); Niña Lerch (Porträt der Autorin).
Druckpressen: Radierpresse (S. 23) – VHS Innsbruck; Pearl und Adana – Wortdruck (S. 59).
Lektorat: Jutta Orth, D-Freiburg i. Br.

MIX Papier | Fördert gute Waldnutzung FSC® C010798

Wir verwenden FSC®-zertifiziertes Papier. FSC® sichert die Nutzung der Wäldergemäß sozialen, ökonomischen und ökologischen Kriterien.
Gedruckt in Tschechien.

Diese Publikation ist in der Deutschen Nationalbibliografie verzeichnet.
Mehr Informationen dazu finden Sie unter http://dnb.dnb.de.

Der Haupt Verlag wird vom Bundesamt für Kultur für die Jahre 2026–2028 unterstützt.

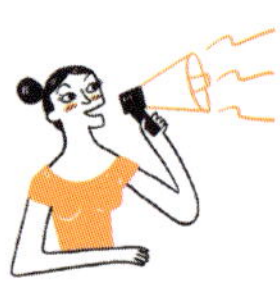

© Huza Studio, Shutterstock

Haupt Verlag AG
Falkenplatz 14
CH-3012 Bern
herstellung@haupt.ch
www.haupt.ch

Verantwortlich in der EU (GPSR):
Brockhaus Kommissionsgeschäft GmbH
Kreidlerstr. 9
DE-70806 Kornwestheim
haupt@brocom.de

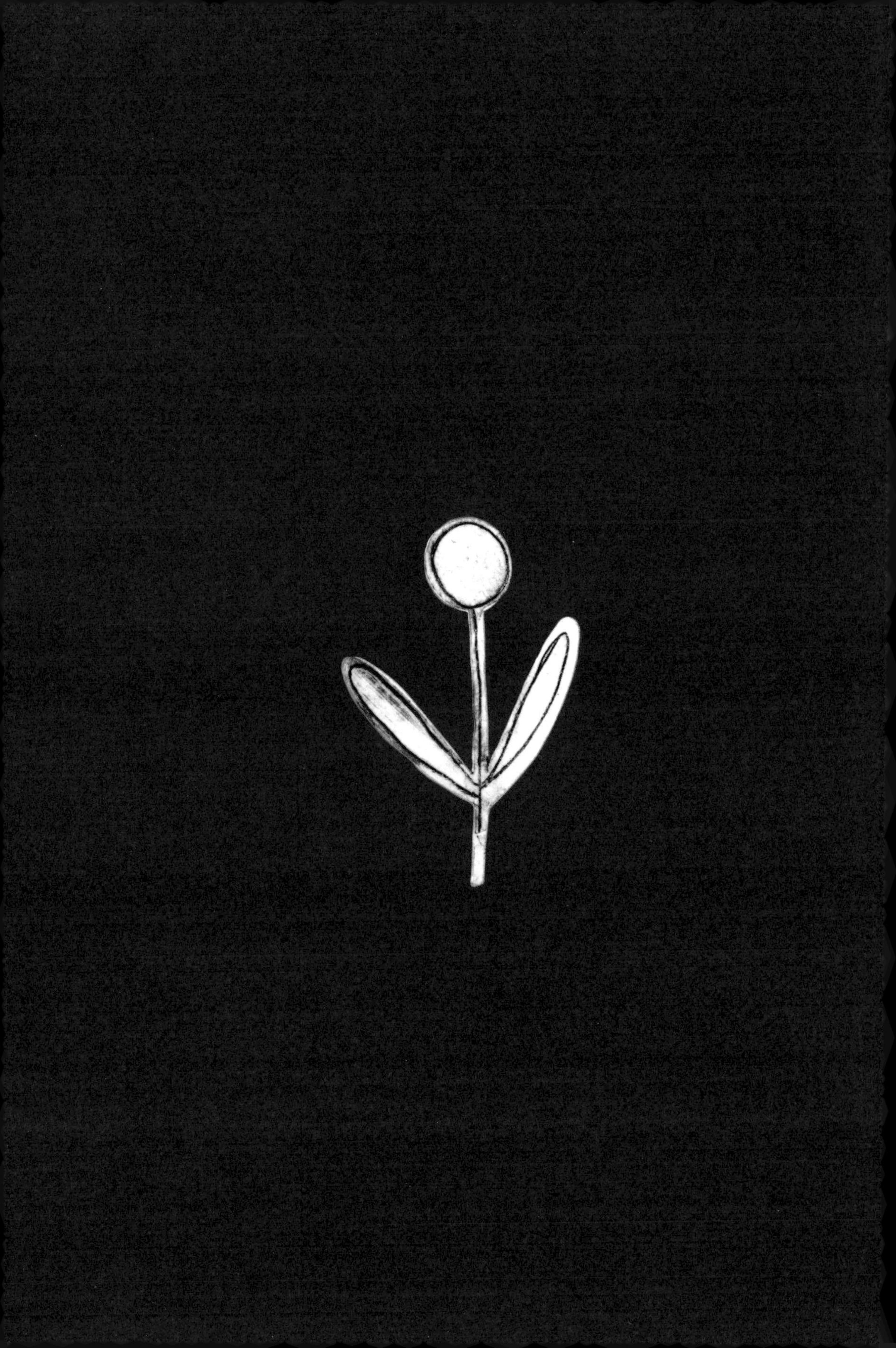